ANSIEDADE CORPORATIVA

ROCCO

ANSIEDADE CORPORATIVA

CONFISSÕES SOBRE ESTRESSE
E DEPRESSÃO NO TRABALHO
E NA VIDA

ADRIANO SILVA

Copyright © 2015 Adriano Silva

Direitos desta edição reservados à
EDITORA ROCCO LTDA.
Av. Presidente Wilson, 231 - 8º andar
20030-021 - Rio de Janeiro - RJ
Tel.: (21) 3525-2000 - Fax: (21) 3525-2001
rocco@rocco.com.br
www.rocco.com.br

Printed in Brazil/Impresso no Brasil

Capa e projeto gráfico: Luiz Stein

CIP-Brasil. Catalogação na fonte.
Sindicato Nacional dos Editores de Livros, RJ.

S578a   Silva, Adriano
       Ansiedade corporativa: confissões sobre estresse e depressão no trabalho e na vida/Adriano Silva. – 1ª ed. Rio de Janeiro: Rocco, 2015.
       (O executivo sincero; 2)

    ISBN 978-85-325-3008-0

    1. Trabalho – Aspectos psicológicos. 2. Comportamento autoderrotista. 3. Motivação – Aspectos psicológicos. 4. Sucesso – Aspectos psicológicos. 5. Comportamento organizacional. 6. Ansiedade. 7. Técnicas de autoajuda. I. Título. II. Série.

15-25445   CDD-158.1
                                               CDU-159.947

Impressão e acabamento
RR Donnelley

Para a Lu.
Cujo sorriso, quando se abre,
é antídoto para qualquer moléstia.

Para a Ju e o Pê.
Que têm o poder de encher meu rosto
com um milhão de sorrisos.
Por que demoraram tanto a chegar?
Por que estão passando tão rápido?

Sumário

1. Antes de começar 9

2. Ensaios sobre a tristeza 17

3. Aprendendo a lidar com a ansiedade 75

4. Sobre sentir saudade 119

5. Contos melancólicos 177

6. Sentimentos familiares 221

I. ANTES DE COMEÇAR

Você e eu passamos mais da metade do nosso tempo em ambientes e situações profissionais.

O mundo do trabalho, seja você um executivo ou um empreendedor, é um palco de glórias e desastres, de conquistas e tragédias, de expectativas e frustrações. É ali que nos definimos – e somos definidos. É ali que nos medimos – e somos medidos. É ali que encontramos nossos limites, que nos conhecemos de verdade, em nossas grandezas e misérias. É ali que nos defrontamos com quem somos de fato, com aquilo que podemos ser e também com o que jamais seremos.

Tudo isso imprime marcas na gente. O mundo do trabalho nos afeta emocionalmente. Muito. Ali vivemos momentos felizes, saboreamos alegrias, nos deparamos com a solidariedade alheia, exercitamos nossa própria generosidade. Ali sofremos com a ansiedade, com a síndrome do pânico, com a depressão, com a certeza inexplicável de que tudo vai dar errado, com a ciclotimia do nosso próprio humor e do nosso próprio entusiasmo diante da carreira e da vida. Ali confrontamos a hostilidade alheia, o espírito de grupo impenetrável, a extensão da crueldade humana (às vezes na condição de vítimas, às vezes como algozes), as disputas desleais, as humilhações privadas e as frituras públicas, o bullying corporativo.

Ninguém passa incólume pelo mundo do trabalho. Ele mexe com a gente, molda o nosso estado de espírito. Ele esfrega em nossa cara, todo dia, a impermanência de todas as coisas, a nossa precariedade diante das grandes questões e dos grandes desafios, a incompletude da nossa condição de realizar o que sonhamos e as expectativas que nutrimos acerca de nós mesmos.

No mundo do trabalho, talvez mais do que em qualquer outro lugar, nos deparamos com o assustador (e maravilhoso) risco de viver. E nos digladiamos, a cada nova manhã, com a paúra (e com a alegria) de ter uma existência para tocar. As chances de tudo isso lhe tirar o sorriso do rosto são grandes.

No meu caso, o mundo do trabalho só acentuou uma característica pessoal. Sempre fui um cara sério demais. Um cara preocupado, tenso, austero. Um cara que sente o peso do mundo. Em suma: um cara triste.

A tristeza, até determinado ponto, é uma coisa boa: ela lhe avisa que algo não vai bem. Ao lhe minar o sorriso, ao lhe solapar a leveza diante da vida, ela lhe mostra com clareza que você não está feliz. Então ela pode ser útil. Especialmente se você está insistindo em rechear sua vida com coisas de que não gosta. (É impressionante a frequência com que a gente faz isso.)

E a tristeza não é uma boa companheira. Ela é um engano completo. A maciez com que ela nos acena é falsa. A tepidez que ela oferece é gélida. A tristeza não acolhe nem oferece refúgio. Seu objetivo é sempre fazer sofrer. A tristeza isola. Escraviza. Mata por sufocamento. A tristeza dilacera – por mais doce que seja o fio do seu corte encostado em sua carne. A tristeza machuca. Tristeza dói.

Quando você acolhe a tristeza em sua vida, e a admite em seu convívio, ela vira um vício. Quando a tristeza lhe mostra que você precisa mudar, e você muda, e mesmo assim ela não passa, é porque ela se tornou uma rotina indigesta. Como um vampiro que você convidou a entrar em sua casa e agora não pode expulsar. Como uma sirene que você não consegue desligar – e que se torna um ruído eterno, interno, a lhe exasperar.

Quando você olha objetivamente para a sua vida, e a enxerga de fora por um minuto, e percebe que tudo vai bem, e, no entanto, continua triste, com uma tonelada sobre cada ombro – é aí que a tristeza se torna uma narrativa paralela, uma constante sombria, um tormento maldito atravessado em seu caminho. A tristeza, vivida nesse nível, não tem a ver com o que está se passando ali fora, na sua vida, ao seu redor – ela tem a ver com o que está acontecendo *dentro* de você. Tristeza é autocomiseração.

É assim que ela aprisiona. Como um serviçal que se apossa do mestre, a tristeza quer sempre lhe conquistar, lhe derrubar – ela quer se *tornar* você. Aí você passa a depender da tristeza como de uma droga debilitante. Que lhe demanda diariamente. Como uma droga que lhe altera os sentidos, e lhe imobiliza em estado catatônico, e lhe castiga em crudelíssimas crises de abstinência. A tristeza anestesia. Tristeza é coma.

A ponto de você, às vezes, ficar triste só porque, ao perceber que está feliz, se dar conta, ao mesmo tempo, num lampejo lúgubre, de que aquela felicidade não vai durar para sempre.

Tristeza é enxergar tudo sem cor. É celebrar a mortificação de todas as coisas – a começar por você mesmo. É prostrar-se diante do pedestal da angústia. É uma espécie de antimatéria a consumir tudo de bom que há no mundo. É um ralo de força vital. É antecipar o fim – para não ter de sofrer à espera dele. É a sedução da não existência. É um desejo oculto de morte. É a suprema autossabotagem.

A tristeza se apossa da sua capacidade de enxergar e de discernir. Vira uma lente que tinge de melancolia tudo aquilo que enxerga. Um vírus que contamina o maior número possível de momentos do seu dia, e que se alastra pelo maior número possível de terrenos em sua vida. É assim que a tristeza se torna hegemônica. É assim que ela se torna abrasadora e indomável.

A tristeza também adquire outras formas. Passa a se alimentar de outros nutrientes. Como o medo de falhar, de decepcionar, de não agradar, de ser rejeitado e excluído e marcado com a insígnia dos perdedores, dos que não servem, dos que são ineptos, dos que são ruins.

A tristeza se alimenta também da sanha de controlar as idas e vindas da existência, na ânsia de se sentir seguro, de ter tudo sempre resolvido, de antecipar todas as possibilidades, de aplainar os altos e baixos do caminho, de escrever um "e viveu feliz para sempre" na própria história – afinal, não há perrengues depois do ponto final. (Só que também não há mais nada depois do ponto final...)

A tristeza também se transforma em depressão – quando o sujeito constata que esse ideal de congelamento da vida, de supressão do risco imanente de existir, é, afinal, uma quimera impossível. Ele não pode voltar ao passado, um cenário imóvel, e se esconder lá. Os desafios do presente lhe soam crescentemente insuportáveis. E o futuro, como uma eterna interrogação colocada à sua frente, é sempre uma ameaça. O sujeito quer afundar na cama. Quer se enfiar num buraco. Quer que lhe esqueçam – ou que resolvam os problemas por ele, que já não se sente capaz de mais nada.

Então um dia você aprende que, se a tristeza não pode ser vencida por completo, ela pode, sim, ser controlada. Se você foi premiado com genes taciturnos, ou se a sua história o levou a um comportamento sorumbático, isso não significa que você tenha que se deixar abusar pela melancolia. (E eu *não* estou falando do uso de medicamentos, dos falsos atalhos psicoativos que, ao invés de libertar, costumam acrescentar novos grilhões a quem já está acorrentado.)

Então um dia você percebe que a presença incômoda da tristeza em sua vida cresceu tanto, e se tornou tão óbvia e pervasiva, que ela mesma ficou vulnerável. A tristeza se revelou, afinal, um corpo estranho, uma invasora – não mais uma presença insidiosa nem uma parte de você. Então a tristeza se torna um abcesso que pode ser extraído. Você a carrega. Mas ela não lhe define – ela *não* é você. Ela talvez continue ao seu lado, para sempre, como lembrança, como cicatriz, como sombra. Ou como uma enfermidade crônica que vem e vai – mas ela não precisa ser uma ferida aberta.

Este livro é sobre essa descoberta.

E sobre a certeza de que tudo está ao nosso alcance – desde que a gente queira, desde que a gente não desista. Desde que a gente acredite na nossa própria capacidade de ir adiante e de resolver os problemas que inevitavelmente se apresentarão pelo caminho. Este livro é sobre o que já aprendi a respeito disso: a tendência à desesperança não precisa implicar desistência. A ausência de otimismo não tem que significar derrotismo.

Essa é a reflexão que divido com você nas próximas páginas.

2
ENSAIOS SOBRE A TRISTEZA

Pequeno soneto torto em prosa sobre a grande dor de existir

Sabe aquela sensação de que tudo vai acabar? De que nada dura? De que nada vale realmente a pena? Sabe aquela sensação de que as coisas estão a um passo de desmoronar?

Sabe aquela sensação de que o sucesso é uma ilusão momentânea e de que os esteios ao redor estão todos instáveis? Manja aquela clareza da fragilidade de tudo que está estabelecido, da fugacidade dos momentos felizes? É como se a qualquer hora, sem o menor aviso, quando você olhar para o lado, o chão fosse sumir debaixo dos seus pés...

Sabe aquela sensação de falta de energia, de que é melhor não sair de casa, de que não há de verdade um bom motivo para tirar o pijama ou levantar do sofá, de que não há nenhum sentido em sonhar, em empreender, em se colocar em movimento?

Bom, se você é acossado por esse tipo de sentimento, de tempos em tempos, nós temos uma coisa em comum.

Trata-se de uma ausência momentânea (que pode se tornar crônica) de paixão pela vida, de diminuição do tesão por fazer, por criar, por experimentar.

Trata-se de um cansaço brutal para ir adiante, para cuidar de todas as coisas, para enfrentar todos os problemas e superar todos os obstáculos.

Trata-se do medo de perder, da covardia ante a possibilidade de não dar certo, do cagaço de correr riscos, de quebrar a cara, de passar vergonha, de se desgastar à toa, de desapontar os outros e de decepcionar a si mesmo.

Trata-se de insegurança, de baixa autoestima, de falta de autoconfiança, de duvidar de si mesmo e da sua própria capacidade: por que caminhar se você tem certeza de que, no fundo, não vai chegar a lugar algum?

Trata-se de ansiedade, de dificuldade de lidar com as incertezas da vida, com a nossa incapacidade de controlar tudo o que nos cerca – e com o sentimento de pânico que advém daí.

Trata-se de um desejo de resolver tudo a priori e de se aposentar logo, de apear o quanto antes do cavalo, de se eximir da luta, de abandonar a estrada, de passar o ponto – quase um desejo de deixar de existir (exatamente para não ter de segurar a barra da existência).

Pois bem. Esses dias, eu me dei conta de que é possível usar tudo isso a seu favor. Acredite. Transformar todo esse chumbo em balão de gás hélio. (Tanto no sentido de puxar para cima quanto no de que é preciso reaprender a rir da gente mesmo, da voz de pato que sai da nossa boca de vez em quando.)

Você já deve ter reparado que o mundo nunca acaba e que as coisas sempre se ajeitam. Que a vida continua e que você apenas sofreu antecipadamente, barbaramente, e à toa.

De todo modo, quando esse mormaço se abater sobre você, ao invés de se entregar a ele, ou de se enganar, se agarrando à falsa boia dos auxílios químicos, que tal agir como se esse fosse, de fato, o seu último dia?

O que você faria se soubesse que essa é mesmo a sua última semana sobre o planeta?

Você provavelmente chacoalharia, corretamente, o que lhe tira o tesão, o que lhe consome inutilmente, o que lhe agasta.

Você provavelmente olharia com mais nitidez e discernimento para o que é real e para o que é imaginário, para o que importa e para o que é descartável, para o que lhe fala ao coração e para o que não lhe diz o menor respeito.

Você provavelmente teria mais clareza para recusar os medos, as inseguranças e as incertezas – tudo que se acumula ao redor de seus tornozelos como bolas de chumbo e que lhe impede de correr adiante e afora, sorvendo a vida. (Perceba: você já está morto. E como isso já está dado, e como você já sabe disso, paradoxalmente, só lhe resta *viver*.)

Você provavelmente focaria naquilo que gosta de fazer, naquilo que lhe traz felicidade, naquilo que lhe põe um sorriso no rosto.

Você, finalmente, estaria pronto para existir com mais leveza e bom humor, de modo mais ensolarado e contente. Para viver bem é preciso achar um jeito de ficar de bem com a vida.

Dá para começar já. Você não precisa receber uma sentença de morte para começar a viver. Ou por outra: essa sentença já está dada. Você a recebeu ao nascer. Desde o berço que você e eu não fazemos outra coisa se não *morrer*. Exatamente por isso, só nos resta *viver*.

Sobre o medo

Medo de não vender e falir.

Medo de vender e não conseguir entregar.

Medo de não ser chamado.

Medo de ser chamado e decepcionar.

Medo de sair do lugar – e perder o lugar.

Medo de nunca sair do lugar.

Medo de que o telefone toque – e a notícia seja ruim.

Medo de que o telefone não toque nunca mais.

Medo de dizer a verdade e ofender o outro irreversivelmente.

Medo de reprimir a verdade e criar um monstro dentro de mim mesmo.

Medo de dar demais e desvirtuar o outro na sua relação comigo.

Medo de dar pouco e virar um sovina, um sujeito árido e frio e avarento e mesquinho.

Medo de prometer e não cumprir.

Medo do compromisso.

Medo de não me comprometer com nada, nunca – e virar um tipo sinuoso e pusilânime.

Medo de morrer hoje. (Ou amanhã de manhã.)

Medo de durar mais tempo do que a minha condição de viver bem.

Medo da violência que campeia ali na esquina, cada vez mais perto de mim.

Medo de sentir tanto medo, de abraçar a paranoia, de me deixar paralisar pela metade eternamente vazia do copo. (Não importa quanto o enchamos – torrencialmente, às vezes –, a porra desse copo sempre vai ter uma parte vazia zombando da gente.)

Medo de ficar sem dinheiro.

Medo de virar um escravo do dinheiro.

Medo de ficar sozinho.

Medo de estar acompanhado e ainda assim me sentindo infeliz, e gerando infelicidade, e assistindo à infelicidade de quem estiver ao meu lado. (Há um lugar dentro da gente onde ninguém nos alcança. Nem nós mesmos. Onde somos irremediavelmente solitários.)

Medo.

Uma prisão mental cuja chave fica no bolso do prisioneiro.

Uma prisão mental em que carcereiro e encarcerado são a mesma pessoa.

Medo.

Um companheiro que precisamos para viver – e que temos de manter à distância segura, sem acesso à sala de controle.

A perspectiva melancólica

Olhar coberto de chumbo. Sentidos sobrecarregados de cinza. O sorriso que não brota, que não é parte integrante, que não vem naturalmente. Alegria policiada, sorrisos que precisam apresentar passaporte e documentos registrados em mil cartórios opacos para serem admitidos. Bom humor impedido de nascer, entregue prematuramente aos censores e verdugos do politburo mais ocre e odioso da alma.

A atitude contemplativa. Sem alegria. O ritmo lento, que tende à paralisia. A aura nostálgica – da qual não é possível se despegar. Que quer congelar tudo. Que rouba o viço e o brilho das coisas. Que deseja transformar a aventura da vida num filme sonolento. Dominado. Sem risco. Sem emoção. Sem percalços nem sobressaltos. Sem desafios – e, portanto, sem esforço, sem superação, sem vitória, sem festejo.

O desejo de se esconder no passado. Em conversa monotônica realizada para dentro, *ad infinitum.* (Ou *ad finis.*) A fala mormaçosa. Medrada. Acuada. Avessa à novidade e ao empreendimento. A alma sorumbática. Sombria. Em mornura eterna. Em suspensão tediosa e insossa, sem cheiro e sem textura. De um indivíduo que não deseja ir nem ficar, que não busca a solidão, mas que guarda a convicção de que a resposta também não está no meio dos outros.

Isso tem a ver com viver pouco o presente e deixar sua mente se inquietar – ou contemplando o passado com saudade ou antecipando o futuro com ansiedade. Ambas são forças que sugam do sujeito a força vital, a capacidade de ser contente, a condição de ser radiante e de irradiar boas energias.

O sentimento existencialista, da eterna presença de ausências fundas. Dos começos natimortos, marcados pela consciência do fim. Uma engrenagem parada, ou que anda para trás. Em que não há entusiasmo nem energia. O eterno foco na falta, na precariedade dos projetos – e da própria vida. Na inércia modorrenta causada pela consciência aguda das imperfeições invencíveis. Sempre o que ainda não foi possível realizar decretando a derrocada de todo o resto, de tudo que já foi conquistado.

A sensação depressiva, cansada, exaurida diante da vida e da luta e dos sonhos. A tendência ao encaramujamento, como um exílio dentro de si mesmo. Desejo de desterro, de ermitar, de fugir, de sair da história, de se desconectar das pessoas, de partir do mundo para um esconderijo de temperatura controlada, de metabolismo no nível mais baixo possível, de subsistência pacífica. Desistência. Uma antecipação da morte. Da ideia escapista da paz e da tranquilidade que só a morte traria.

Trata-se também de uma falta de estima por si mesmo. De falta de confiança na própria potência. Que se traduz em sono, pasmaceira, cansaço mortal, fadiga de ir adiante. Como uma mortalha cobrindo o dia, como um ralo drenando combustível e soberania e autonomia e força de vontade. E que transforma a rotina do sujeito num arrastar sem fim de horas sem cor.

A perspectiva melancólica que se impõe. Que arrasta. Que arrasa. Que atrasa e atravanca. É cultural – dessas coisas que você recebe e passa adiante pelo convívio e pelo hábito. E é biológica – dessas coisas que você recebe e passa adiante pelos genes.

Significa também operar o próprio chicoteio. Descer a chibata sobre o próprio lombo sem pena. (Ou buscando *causar* pena. Em quem?) Ser seu próprio algoz. E sua própria vítima. E sua própria plateia. Uma santíssima trindade espúria fincada no meio do palco. No meio da vida. O açoite transformado num modo de você se relacionar consigo mesmo.

Os passos na vida reduzidos a obrigações cumpridas no automático – sem jamais obter prazer pelos avanços feitos, sem jamais celebrar as conquistas realizadas. Um mecanismo que cobre de culpa toda oportunidade em que puder haver satisfação. Que transforma em desassossego todo momento que parecer fácil ou simples ou gostoso. Como se a vida tivesse que ser uma imensa e interminável lista de deveres a ser vencida. Como se existíssemos somente para cumprir tarefas e jamais para nos sentirmos bem.

A culpa e a expiação dessa culpa por meio do sacrifício pessoal. Se você, como eu, é desses caras que sofrem mais nas horas de recesso, nos feriados e fins de semana, que é quando os fantasmas crescem, quando os lobos imaginários arrancam pedaço, do que em ação, em horário comercial, no meio da faina, quando, de modo geral, o mundo real não se mostra tão feio assim, tome tenência.

Isso é açoite. Isso é loucura. Você não está se deixando descansar. Como um feitor implacável de si mesmo. Você tem uma sensação de pecado sempre que não está se esfalfando no trabalho. Você se julga, você se condena e você se impõe a pena máxima – jamais poder descansar, viver em permanente desassossego.

Saiba o seguinte: quando você se afasta do seu desejo, da sua verdade, da sua essência, você se perde de si mesmo. Quando você elege o dinheiro como o fim e como a medida de todas as coisas, você se tira do centro da sua própria existência. Quando você elege os resultados como o único parâmetro, e passa a ignorar os meios, você está se sabotando. A vida acontece ao caminhar, precisamente enquanto você se move em direção a uma meta. Se você está se guardando para quando chegar lá, saiba que, quando você chegar lá, acabou. Então deixar para curtir só ao final da aventura é uma péssima estratégia. A aventura acontece antes dela acabar – óbvio, não? Lá no final, acredite, só há isso mesmo – o fim.

Por isso o olhar melancólico sobre a vida é, antes de qualquer coisa, patético. Poucas coisas são mais estúpidas do que solenizar os momentos tristes – especialmente quando você se dá conta de que só tem meia dúzia de décadas sobre esse planeta para viver e ser feliz e dar risada e curtir a si mesmo e aos outros. É tudo o que temos – algumas dezenas de anos. Não há mais nada. Nosso tempo é terrivelmente exíguo. E improrrogável. Essa é a maldição que cada um de nós traz enterrada no fundo oco do peito. Quem escolhe o caminho do sofrimento, quem se permite cruzar pela vida penando, ganha um quinhão a mais de dor para administrar. Não faz o menor sentido.

O olhar melancólico sobre a vida é também, sempre, um olhar de autocomiseração. Ser triste é, antes que tudo, sentir pena de si mesmo. A grande sedução da melancolia é gastar a vida se depreciando, por vontade própria, num movimento eterno e paralisante de se autolamber na sarjeta para onde você mesmo se jogou e se deixou ficar. A grande atração da tristeza é o delicioso e viciante ritual de autoadoração – e de autoimolação – no altar principal do inferno particular que você criou para si e do qual não se permite sair.

Melancolia não atrai ninguém para perto de você. O instinto humano é sorrir, é fugir da dor, é ficar longe do sofrimento. Os taciturnos e tristonhos imaginaram, ao menos uma vez na vida, que atrairiam o amor das pessoas pelo sentimento de dó. A estratégia de causar piedade para angariar carinho e aceitação alheios é obscena. E é equivocada. Não dá certo. Os melancólicos imaginam que os outros nutrirão por eles a mesma pena que eles têm de si – e que isso, afinal, se refletirá em algum tipo de afeto. É mentira. Não acontece.

Na arte, é fato, nós amamos mais Didi Mocó quando ele, sujo, doce, maltrapilho, frágil, perde a mocinha – e quando nem mesmo seu cachorrinho Lupa lhe resta no final. Nós amamos o menino pobre e bom e sofrido de *A Fantástica Fábrica de Chocolate*. Nós amamos Duckie, o grande personagem de

A Garota de Rosa Shocking, que era quem mais a merecia, que era o *nerd*, o *loser*, por quem todos torcíamos e que acabou não ficando com ela.

Na arte, nós nos condoemos – e amamos intensamente – os injustiçados, os esquisitos, a abnegação dos mártires desajustados, o sacrifício dos heróis excluídos. Na vida real, no entanto, o gosto por ser triste, sozinho e cabisbaixo, o gosto pela derrota, pelo isolamento e pela fossa, simplesmente não existe. E por isso mesmo não faz sentido nem faz bem.

Uma manhã de segunda-feira

Ah, preguiça de tudo. Vontade de ficar na cama. Desânimo de levantar, de sair, de encarar as mesmas coisas de sempre – a continuação dos projetos e dos relacionamentos profissionais, as pressões dos chefes e dos patrões, as cobranças dos clientes, as expectativas de quem trabalha com você.

Tem dias em que tudo dá mais trabalho. Em que você mesmo não se suporta – e duvida de si e não bota muita fé no próprio caminho que está seguindo. Por que estou fazendo desse jeito? Será que tudo é *só isso* mesmo? Será que não há nada além?

Aí os braços caem. Os sorrisos somem da sua cara. Cansaço mortal para pegar o carro e dirigir pelos mesmos lugares e ver as mesmas pessoas e levar as mesmas conversas. Tudo fica morno. Tudo vira tanto faz. Você se olha no espelho, mas já não se enxerga ali.

É mais do que tédio – tem gosto de depressão. Aquele torpor, que é como uma resposta do seu corpo à ansiedade: seu organismo se desliga da tomada como medida de segurança contra o superaquecimento dos miolos.

A gente diz para si mesmo: "está faltando uma paixão na minha vida." Ou então: "preciso encontrar um projeto que eu goste de verdade, que faça meu olho voltar a brilhar, que me permita deixar de ficar fazendo conta, sendo pragmático, e me permita de novo cair de cabeça, de boca, louco de amor por alguma coisa nova."

Então você se percebe nessa encruzilhada. Sem libido, sem forças, sem entusiasmo. O que só lhe causa mais ansiedade. Em descargas de adrenalina que lhe levam à palpitação, à taquicardia e à hiperventilação. O que, por sua vez, faz com que seu corpo se tire da tomada outra vez – e lhe jogue de novo na depressão. E assim sucessivamente. Você alternando a ultra-aceleração com o imobilismo do fundo do poço. Às vezes numa mesma manhã.

Ou talvez esse mormaço todo, essa bússola de cuja agulha a gente adora desconfiar, seja (ao menos no meu caso) só a dura revisão da meia-idade, em que o sujeito coloca em perspectiva o que já fez e olha para a frente, para o segundo tempo da vida.

Você fica perdido entre o desespero (e o alívio) de que metade já passou, e de que até que as coisas aconteceram razoavelmente para você, e o alívio (e o desespero) de que ainda falta jogar um bocado, a etapa complementar inteira – mais algumas décadas de inseguranças e trepidação –, antes do fim.

Viver é bom. O tempo de vida que ainda temos pela frente é sempre curto, é sempre insuficiente – queremos sempre existir mais. E, no entanto, o quinhão de tempo à nossa frente vem sempre envolto em expectativas e (auto)cobranças que sujam tudo com a lama do medo.

Seria bom, diante da vida, poder relaxar mais, deixar rolar, curtir as diferentes sensações da brisa que vão batendo no rosto da gente. Mas quem consegue relaxar com tanta demanda? Há um bocado de desespero no pouquíssimo tempo que temos para fazer qualquer coisa. E há um bocado de desespero também diante de tudo que é preciso fazer para rechear bem esse pacotinho de tempo a que temos direito.

A alternativa seria sair da luta, escapar à briga, esconder-se da vida? Não ter mais compromissos, não ter mais expectativas, nem metas, nem ansiedades. Mas isso é bem parecido com deixar de existir. Exilar-se dentro de você mesmo é muito parecido com morrer.

O que você faria se conquistasse amanhã a sua independência financeira? Ia fazer mais, criar, investir, reinvestir, crescer, multiplicar, acelerar, seguir fazendo? Ou ia se retirar, sair de cena, parar, sumir, se aposentar?

Sua resposta a essa questão diz muito sobre quem você é de verdade e sobre a quantas anda a sua vida.

Há certas segundas-feiras em que sinto uma preguiça de tudo. Acordo de manhã, está friozinho, não tem sol lá fora, e o primeiro pensamento é "Ah, não... Deixa eu ficar aqui embaixo, encolhido. Deixa eu não ter que sair para enfrentar a barra do dia, para ter de matar tantos leões, para ter que batalhar tanto por 'sins', tendo que ouvir tantos 'nãos'".

Aí você vê o mundo lá fora se mexendo e percebe que não é possível ficar parado. Já passou o tempo em que você torcia para ficar doente e não ter de ir à escola. Não há mais espaço para fuga. Sua professora não é mais o único interlocutor a ser conquistado. Sua mãe não lhe oferece mais toda a guarida e a proteção de que você precisa para ser feliz na vida. Sua mulher já levantou e está vestindo as crianças para você levá-las ao colégio.

Você não pode frear o mundo à sua volta. Você precisa seguir. A realidade exige a sua presença. Você tem compromissos. Parar não é uma possibilidade. Tudo se move ao redor. Sua mulher já está tocando o dia dela. (Que mulher linda e elegante. Você tem muita sorte.) Seus filhos também, já estão metidos em suas rotinas, se desenvolvendo. (Como são bonitos e inteligentes. Você tem muita sorte.)

Parar seria obstaculizar esse crescimento. É preciso encontrar forças para ir adiante. Inclusive porque, debaixo das cobertas, você não encontraria mais aquele velho amigo de infância, cúmplice, que lhe aceitava e lhe acolhia. Aquele menino virou, em algum momento da adolescência, um sujeito muito crítico de si mesmo, que não lhe dá guarida, que não lhe oferece descanso.

Então você sai da cama, lava o rosto, faz a barba e escova os dentes procurando a si mesmo no fundo dos próprios olhos. O dia, enfim, engata a primeira marcha. Você pega no tranco. E, não raro, até acelera, dirige direitinho, faz curvas com rapidez e destreza, arrisca com sucesso uma ou duas ultrapassagens.

Mas nem mesmo batendo o recorde da pista você será capaz de esquecer aquela modorra pegajosa, perigosa, que tomou conta de você de manhãzinha. Ela é um vulto que o persegue, como se quisesse lhe dizer algo, como que sussurrando uma mensagem fundamental que você faz de tudo para não ouvir e não entender nem aceitar.

Nesses dias, confesso, só um bom risoto me redime.

Sobre dias horríveis

Um dia horrível ocorre para todos nós em algum momento. Um dia horrível faz parte da vida. E da carreira. De qualquer pessoa. Em qualquer profissão. Um dia horrível pode ser um fenômeno que persegue mais uns do que outros. Mas ninguém está a salvo. Dias horríveis sempre vêm nos visitar, mais cedo ou mais tarde.

Se a maior parte do seu tempo é gasta em dias normais, e se no restante da sua agenda há mais dias ótimos do que dias horríveis, sua vida vai bem. Já se a sua taxa de dias ótimos é alta, sua vida é tudo de bom e você é um sujeito feliz. Mas se você experimenta dias horríveis demais, bem, aí é importante parar, refletir, enxergar os mecanismos – e mudá-los. (Essa última ação é a mais difícil de todas. Só que sem ela as outras perdem muito do sentido.)

Costumamos imaginar que um dia horrível é culpa dele mesmo – que, afinal, resolveu amanhecer horrível, o que se há de fazer? Ou então que ele é culpa de alguém, de outra pessoa, que tornou *nosso* dia horrível. Ou das situações em que estamos metidos e das enrascadas em que nos enfiaram – fotografias em que sempre aparecemos em atitude passiva, *sofrendo* uma ação externa. Ou então tudo é culpa da sorte – ou da falta dela. Ou, ainda, da divina improvidência, da implicância de um deus que anda mal-humorado e que resolveu se esquecer da gente – ou, quem sabe, descontar na gente.

Eis o que quero dizer: um dia horrível é coisa que acontece sempre *dentro* de você. Ele não está localizado nos outros – por mais vis que sejam os outros. Nem no mundo ao redor – por mais torto que ele se apresente. Nem no dia em si – por mais feio que ele nos pareça. A imagem de um dia horrível não é a de uma nuvenzinha negra colocada sobre a sua cabeça nem a de um alçapão diabólico desenhado abaixo dos seus pés. Um dia horrível é coisa que nasce, cresce e viceja dentro de você. Ele acontece sempre no recôndito da sua cachola. É ali que você carrega a ausência de sol, o céu plúmbeo e baixo, o frio cortante. É ali que seu coração murcha, sua mente incha e um buraco negro se instala em seu estômago.

Quando você está inteiro, equilibrado, de bem consigo mesmo, tudo pode ruir ao redor que sua paz interior estará razoavelmente defendida. O eixo que lhe sustenta passará pela tempestade relativamente intacto. Quando, ao contrário, você está perdido, estressado, incomodado consigo mesmo e com os outros, de mal com o mundo, quando você não se perdoa porque disse algo que não devia ou porque silenciou algo que deveria ter dito, pode estar fazendo o maior sol lá fora, o mais belo céu azul; pode jorrar mel da torneira e brotar dinheiro da terra; podem meia dúzia de virgens vestais lhe assediarem com carinhos e promessas indizíveis – ainda assim você encontrará algum elemento para lhe azedar o dia e torná-lo horrível.

Sei por experiência própria. Assim como sei que há também muitos dias felizes vida afora – e que eles dependem muito mais da gente, para existir, do que costumamos acreditar. Dia desses vivi uma segunda-feira bacana. Preste atenção às suas segundas. Elas dizem muito sobre sua vida. Segunda é um dia-parâmetro, um termômetro de como andam as coisas – e de como você está lidando com elas. Segunda é dia de recomeço, de reengate na vida profissional. Dia de retomar de onde paramos, de avançar nos processos, de responder às demandas, de cobrar entregas, de organizar o time, de tocar a vida.

Quando a semana começa pesada, mormaçosa, alguma coisa não vai bem. (Às vezes, mais de uma coisa.) Quando você está bem, nem as nota. Ou dá a elas o tamanho que elas merecem e só. Vida que segue. Quando você não está bem, ou quando o problema são as emoções que moram dentro de você, a vida trava.

Naquela segunda, acordei e ainda estava escuro. Normalmente não gosto da sensação de acordar antes do sol. Mas ontem saí de casa feliz. Vi o dia nascer a caminho do aeroporto e o sentimento era bom. Dirigia pelas ruas vazias, tomando um iogurte, ouvindo música no rádio, curtindo a sensação de não estar premido pela culpa, de não estar ansioso, de não estar sentindo medo, de não estar me sentindo em dívida com ninguém – nem com os outros nem comigo mesmo. Saboreava aquela sensação de leveza, de estar tranquilo. Não sei de onde ela surgiu. Gostaria de saber para poder reproduzi-la. Mas senti-la já era bom o suficiente. Segundas assim nunca foram muito comuns em minha vida.

Peguei o avião, fiz a apresentação que meu cliente encomendara, tomei o avião de volta e dirigi pelo caminho de casa vendo o dia ir embora. Sem um pingo de melancolia. Só a vida seguindo seu fluxo – em mim, um sentimento confortável diante disso.

Ainda consegui cumprir meu último compromisso do dia: tomar banho com meus filhos. Um dia feliz. Um começo de semana alvissareiro. (Gostaria de aproveitar e lhe desejar isso, hoje e sempre: dias felizes e começos de semana alvissareiros.)

Esta estranha vontade de chorar

Tem uma fala do Brad Pitt em *Ocean's Eleven* (você sabe: *Onze Homens e Um Segredo*), que é sensacional. Alguém pergunta se ele é suicida. E ele diz, devorando um coquetel de camarão (se bem me lembro): *Only in the mornings.* (Ou: "Só pelas manhãs.")

Bem, quem nunca acordou com uma dor no peito, um cansaço prévio, uma bruta vontade de desistir da briga? Quem nunca desejou entrar na TV, onde os dramas nunca são de verdade, nunca são os nossos e sempre se resolvem a contento no final? Quem nunca sentiu uma vontade súbita de ficar velho logo, de não ter mais tantos desafios a vencer, tantas responsabilidades para cuidar, tantas sensações para compreender e domar?

Isso é bem maluco. Quando a gente olha para esse cenário de medo num dia em que estamos confiantes (e esses dias de coragem existem também, felizmente), ele soa incompreensível, ridículo até. (Espero que essa seja a sua perspectiva.) Todas aquelas hipóteses melancólicas apontam, de certo modo, para uma desistência da vida, para um desejo meio torto e obscuro de dar W.O. em todas as partidas presentes e futuras. Como se existir fosse um fardo. Como se pouco ou nada de bom pudesse acontecer e o futuro acarretasse, sem qualquer espaço para a dúvida, uma cadeia pesadíssima de dissabores e chateações.

Na maioria das vezes, ao menos no meu caso, o melhor remédio contra esse olhar sorumbático que se abate sobre o mundo, sobre a vida, sobre mim mesmo, é forçar a barra e romper com ele. O caminho aí é agir um pouco na linha da reação contrafóbica: o sujeito sente medo e aí mesmo é que arremete com todas as suas forças contra o objeto do seu pavor.

Considero essa a melhor das reações – senão a única possível para os dias nublados: rasgar as nuvens negras com as próprias mãos e assim deixar a luz do sol entrar. Ela está sempre lá. A gente é que às vezes deixa de enxergar – e de acreditar na sua presença.

Quantos verões verão nossos olhares vãos?

Eu adoro esse verso do Gil, que tantas sínteses ótimas cunhou em suas letras. (Curiosamente, ele não é muito reconhecido como letrista.) Houve um verão em que me permiti gozar as melhores férias da minha vida até ali. Não foi um ano tão diferente dos outros, em termos de condições externas. A mudança foi interna, de atitude. Eu mantive sob controle, tanto quanto possível, aquele cara afogueado que existe dentro de mim. E me dediquei a curtir um mês inteiro de férias com minha mulher e meus filhos.

Ou talvez eu tenha feito exatamente o contrário: perdi o controle. Deixei de tentar controlar tanto as coisas, e a mim mesmo, de manter tudo tão certinho, tão perfeitamente organizado. Me entreguei ao gozo de algumas horas improdutivas. Convivendo com uma certa bagunça na prateleira. Vivi um pouco. (E, cá entre nós, o que pode ser mais *produtivo* do que isso?)

Claro que isso para mim ainda é uma ruptura – não é coisa natural. E é um deleite que, em mim, ainda precisa ser consentido pela razão. Me dou, racionalmente, a garantia de que o lazer e o ócio têm o *direito* de acontecer, só por uns dias. Como se o prazer precisasse de um selo de aprovação outorgado pelo raciocínio – "faz sentido".

Claro que rupturas que se submetem à análise, e que esperam permissão para acontecer, não são rupturas de fato. O ideal, para um cara como eu, seria, mesmo acreditando que fazer nada não faz o menor sentido, decidir por… fazer nada. O ideal seria, em nome do desejo, escolher a hipótese que não faz sentido, a opção que não pode ser justificada racionalmente, com argumentos.

O ideal, em suma, seria gerar uma quebra sem volta nas fibras da compulsão que me leva a querer ser produtivo o tempo todo. Essa seria uma negação verdadeira, que talvez mudasse meu eixo de lugar, que talvez me ensinasse de uma vez por todas a ficar à toa sem culpa, sem a tremenda pressão por produzir, por criar, por acumular, por ser eficiente, por deixar marcas. (Esse cronômetro em contagem regressiva que me habita é como aquela nuvem negra que paira sobre os personagens azarados das histórias em quadrinhos.)

O raciocínio que me garantiu o alvará para aquelas férias foi: quantos verões me restam para conviver com meus filhos? Na idade que eles têm hoje, não há nenhum outro. Deixar passar é perder para sempre. Quantos verões ainda me restam com minha mulher? Com o vigor de que gozamos hoje, nenhum outro. No próximo verão, seremos outros.

Fiz a conta. Naquela época, somando, eu teria mais uns 10 verões para curtir junto com as crianças. (Depois disso, elas não seriam mais crianças e provavelmente prefeririam passar os verões longe dos pais.) Estourando, eu teria mais 20 verões com minha mulher antes de me transformar num coroa completo – o que vai mudar bem o andamento e os acordes da música que consigo tocar. Isso se tudo der certo. Se eu estiver por aqui e eles também.

Então me dei conta, naquele verão, de que não é possível perder um verão. Nenhum dia de sol e de férias pode ser desperdiçado. É preciso começar a celebrar o tempo de vida que nos cabe viver entre aqueles que nos são fundamentais. E fazer de cada Natal uma celebração ímpar, e dos Réveillons uma explosão única, e dos janeiros o palco de uma viagem para não esquecer, seja para o sítio do vovô, para a praia com os primos, para fora do país de avião à noite ou para a cidade vizinha de ônibus à tarde. Não importa. Importa ir.

É preciso parar, às vezes. E escolher estar junto de quem você ama. E declarar esse amor. Em palavras, em gestos, em olhares. Em sorvetes, em cinemas, em abraços, em colos, em beijos. É preciso viver como se não houvesse amanhã. Porque, se você parar para pensar, na verdade não há. E porque é isso, e só isso, esses grandes e pequenos momentos, que vão ficar de nós quando formos embora.

A pobreza é uma doença com sequelas irreversíveis

Li *My Autobiography* (ou *Minha Autobiografia*), de Charles Chaplin. Uma história bem contada. Uma confissão bem realizada, com todos os ingredientes que só um grande *entertainer* poderia oferecer. A revisão tocante de uma aventura humana espetacular. Recomendo.

Chaplin nasceu em Londres, em 1889, e teve uma infância difícil. Pai alcoólatra e distante, mãe solteira que perdeu a lucidez quando ele ainda não tinha nem 10 anos. Fome, miséria, humilhações, instabilidade cotidiana, insegurança em relação ao futuro. Ele podia contar com um irmão quatro anos mais velho, que muito cedo já saiu para ganhar a vida – ou quem sabe apenas sobreviver –, e com ninguém mais.

Cedo também Chaplin descobriu que tinha um talento especial e foi tomando decisões corretas na vida. Tomou alguns tombos também, até se tornar um dos artistas mais geniais do século 20. Viveu e trabalhou nos Estados Unidos de 1912 até 1952 quando, num momento de grande inspiração, e de celebração radical da democracia, os americanos, imbuídos do espírito macarthista, exilaram Chaplin, sumariamente, por suspeitas de que ele fosse comunista.

J. Edgar Hoover, o lendário diretor do FBI, aproveitou uma viagem de Chaplin a Londres, para o lançamento do belíssimo *Luzes da Ribalta*, e o proibiu de voltar. O criador de Carlitos viveu na Europa, na Suíça, até morrer, em 1977, tendo voltado apenas uma vez aos Estados Unidos, em 1972, aos 83 anos, para receber um Oscar honorário. (Repare o tempo que faz que Washington bate e Hollywood assopra, que o cinema americano lambe as feridas e como que pede desculpas ao mundo pelas barbaridades impingidas pelos coldres, tanques, bombas e drones do seu país.)

O que mais me chamou a atenção, no entanto, é o quanto a pobreza pesada que Chaplin experimentou na infância acabou incrustrada nele como um legado de inferioridade e de falta de esperança – *hopelessness, if you will* – do qual ele nunca conseguiu se livrar totalmente.

Mesmo quando ele já tinha toda a estima do mundo, toda a fama e toda a grana que poderia almejar na vida, mesmo quando já era reconhecido, aclamado e amado em todo lugar, seus sentimentos mais profundos e fundantes continuavam lhe dizendo que ele era alguém menor e que não merecia nada daquilo. As reações mais gestálticas e límbicas daquele garoto malnutrido e solitário, que ele havia sido muitas décadas atrás, ainda estavam bem presentes e vivas dentro dele.

É isso que eu gostaria de lhe dizer. A pobreza é perversa porque deixa um legado. A pobreza aleija. É uma doença com sequelas irreversíveis. Quem é pobre, em algum lugar dentro de si, jamais conseguirá deixar de sê-lo.

A VERGONHA DE SER POBRE – E O CONSTRANGIMENTO DE TER ALGUMA COISA

Tal qual o personagem de Eric Stoltz, em *Some Kind of Wonderful* (você lembra de *Alguém Muito Especial?*), eu tinha, quando adolescente, e mesmo já como jovem adulto, vergonha da casa em que morava.

Depois que deixei de morar com meus pais, isso melhorou. Você sente uma obrigação de morar bem quando mora com eles – depois que passa a morar sozinho, no começo da vida, você é bacana de qualquer jeito, mesmo que more no sofá do diretório acadêmico da faculdade.

Então o constrangimento adolescente de voltar para a casa tem menos a ver com você e mais com as expectativas do que sua família consegue ostentar para os outros em termos de posição social e de poder aquisitivo. Você se compara muito com os demais nessa época, está formando sua identidade, em busca de um lugar do mundo, e precisa contar com a admiração e a estima dos outros. Na cabeça adolescente, destoar para baixo significa pertencer a uma estirpe menos competente, a conviver com um grau incômodo de indignidade, a se sentir diminuído ou humilhado.

Aos 27, depois de um MBA no exterior, assumi uma posição de direção no mundo corporativo e ingressei, de supetão, na classe média alta. Meu primeiro carro, emprestado pela firma, era "o carro dos sonhos de todo brasileiro", como me disse um amigo. Detalhe: eu não sabia dirigir. Até sair do Brasil, eu só andava de ônibus. Tive de tirar carta às pressas para poder sair da garagem da empresa com o possante. Meu primeiro celular também foi um mimo da firma. Até sair do Brasil, eu não tinha nem linha telefônica fixa em casa – estava há anos na fila da companhia telefônica estatal e uma linha, no mercado negro, chegava a custar 4 mil dólares. (A turma colocava a linha telefônica como um "bem" na declaração do Imposto de Renda.)

Desde os 32, auge da minha carreira como executivo, moro num apartamento muito bacana, num bairro legal, na cidade mais rica do país. Nunca pensei em morar num lugar assim. No final da adolescência e começo da vida adulta, contemplava com admiração o conforto de algumas famílias, o aconchego imponente de algumas residências, e tinha certeza de que jamais teria condições de construir algo parecido para mim. Um carro ou um apartamento custavam tantas dezenas de vezes o meu salário que não enxergava ponte possível entre o meu presente, proletário, e sonhos daquele porte. Então nem sonhava.

Minhas primeiras lembranças são de morar num BNH com minha família. (BNH significa Banco Nacional da Habitação, instituição criada em 1964 e extinta em 1986. Mas aqui me refiro aos predinhos de quatro andares, em blocos de 24 apartamentinhos simples de dois quartos, com pouco mais de 50 m², que abrigaram muita gente de classe média baixa no Brasil durante a ditadura militar.)

Não havia grades, cercas, porteiros ou interfones. E, na garagem, nos fundos do prédio, debaixo das folhas de zinco, havia muitos Fuscas, algumas Brasílias, TLs e Variants. Motos de baixa cilindragem. E, lá de vez em quando, um Corcel ou um Chevette.

Meus pais estavam na batalha. Minha mãe me teve aos 20. Meu pai me teve com apenas a 4ª série do ensino fundamental cumprida – aos 26. Anos antes, tinham morado em quarto de pensão. Quando nasci, minha mãe trabalhava como lanterninha num cinema – e sonhava com a clandestinidade, queria combater o regime militar. Meu pai era motorista de ônibus urbano. Depois, minha mãe virou professora. E meu pai conseguiu emprego num banco.

Então sou daquelas pessoas que já fingiram não morar em sua própria casa. Quando ganhava uma carona, com o pai ou a mãe de um colega, nas festinhas pré-adolescentes, num Opala ou numa Belina, eu saltava antes. Ou uma esquina depois. Fingia entrar num prédio que não era o meu. Depois que o carro ia embora, tomava o rumo da minha casa de verdade, pulando uns muros, sem tirar a cara do escuro.

O embaraço persistiu até o começo da idade adulta. Meus pais já estavam separados há muitos anos e eu me mudei com minha mãe para a cidade grande, para ingressar na universidade. Não mentia mais o endereço. Mas não recebia ninguém em casa. Nosso prédio acanhado me constrangia. Eu morava na sala do apartamento de quarto e sala da minha mãe.

Meu pai, por essa época, recomeçava numa nova carreira e dormia em seu escritório. Anos duros. Não havia a quem recorrer. Há situações na vida em que a única coisa a fazer é ir adiante, na velocidade que der, controlando a angústia como for possível, sem desistir. A ausência de alternativas, exceto sobreviver, e se salvar, traz um certo alívio – porque não há conflito nem dúvida em relação ao que fazer, basta acelerar.

Uma vez, por essa época, voltei para casa e todos os meus amigos estavam lá. Na sala daquele conjugado onde eu habitava. Descobriam meu quarto improvisado. Desnudavam minha intimidade indigna. Se apertavam entre os móveis simples, sobre o estofado raquítico que me servia de cama. Tinham sido convidados contra a minha vontade. Quanto mais eles tentavam ser gentis, mais eu me sentia invadido, devassado, agredido com sua presença. Queria que fossem embora logo. Queria que não tivessem vindo. Que não soubessem de nada daquilo.

(Um amigo querido que me reencontrou muitos anos depois, numa recepção em meu apartamento bacana em São Paulo, e que tinha sido confrontado com a minha miséria naquela tarde, se emocionou ao lembrar daquelas condições e de como minha vida tinha mudado. Amigo bom é assim: chora de felicidade pelas conquistas da gente. Por solidariedade, por amor, por empatia, por compaixão.)

Tenho hoje, na garagem, o melhor carro que já dirigi na vida. Um carro que é muito melhor, como veículo, do que jamais chegarei a ser como motorista. Um carro que eu, no mais das vezes, ainda acho que não mereço – e que vejo como uma pequena extravagância que minha mulher me estimulou a empreender. (Tantos prazeres que ela me permitiu consumir nessa vida, me puxando para fora da minha bolha austera.)

Mas já andei muito a pé. Os tênis batidos eram meu meio de locomoção – essa é a minha formação. Na infância, ia e voltava a pé da escola. Na adolescência, camelava para a balada e para o cinema. Depois, na época da universidade, andava de ônibus, com passagem contada no bolso da calça jeans – *bate e enxuga*, como dizia minha mãe. Eu tinha duas calças e quatro camisas no guarda-roupa. E só comprava um tênis novo quando o antigo se esfarrapava.

Também tive vergonha dos carros velhos da minha família, nos momentos em que tivemos alguma coisa na garagem. Um Corcel vermelho com mais de 20 anos de uso (nunca houve um carro tão cheiroso e bem cuidado, viu, mãe?), uma Brasília cor de gemada, um Chevette verde-oliva (onde em tantas tardes fizemos passeios, com o vidro aberto e a FM tocando, que eu jamais esquecerei, viu, pai?). Assim como senti vergonha nos períodos em que não tivemos carro.

Hoje moro bem. Mas não estou em paz com o lugar onde moro – trato meu endereço com reserva e parcimônia. A tranquilidade íntima que tenho em relação à minha casa se transforma em intranquilidade quando o assunto ameaça ganhar alguma exposição. É um assunto privado sobre o qual eu busco guardar a maior discrição possível. Minha reação é sempre produzir pouca visibilidade sobre isso. Trata-se de um conforto particular que, com frequência, acarreta um constrangimento público. É como se eu continuasse negando o lugar onde moro, fingindo que não é ali que vivo, por constrangimento – só que agora com sinal invertido. Não é meu desejo causar desconforto nos demais.

Hoje dirijo um bom carro. Que as pessoas identificam com luxo – ele aparenta ser mais caro do que realmente me custou. Tê-lo cria nos outros mais ideias equivocadas do que corretas a meu respeito. Tê-lo me causa algum embaraço quando chego em determinados lugares. Quase tanto quanto aquele Corcel e aquela Brasília e aquele Chevette de outras eras – só que na ponta oposta da régua.

É curioso como no Brasil a gente sofre por não ter, por estar abaixo da média, por ser pobre. E sofre também por ter – num lugar em que tantos não têm. Há constrangimento na escassez – como se você fosse culpado por não possuir. E há constrangimento na fartura – como se você fosse culpado pelas conquistas que fez na vida. Acho que a condição de pobretão me expôs e me machucou em alguns momentos. Assim como hoje a condição de remediado, talvez abastado, expõe meus filhos. Oxalá isso nunca os machuque. Nem os marque, como aconteceu comigo.

Vivemos num lugar onde não ter nada é garantia de discriminação e desprezo. E em que ter conseguido juntar alguma coisa é garantia de ser achacado, de ser odiado, de gerar desconfiança, mal-estar alheio e cobiça. Desde o assalto à mão armada na janela do carro, no semáforo, até o empréstimo em família que jamais será saldado – porque aquela prima chorosa considera que, de alguma maneira, você *deve* isso a ela, ou que o montante não lhe fará falta. Desde o manobrista que recebe seu carro com reverência farpada no estacionamento até o colega que um dia você convidou para um queijos e vinhos em casa e que nunca mais lhe olhou do mesmo jeito, e que de vez em quando lhe solta uma indireta.

Eis a estranha história de um cara que, não importa o que faça, o que tenha feito ou o que venha a fazer, vai viver a vida inteira constrangido pelo lugar onde mora e pelo seu meio de transporte.

SAUDADE DOS AMIGOS QUE NÃO VOLTAM MAIS

Nossa memória é povoada de fotografias. A gente captura momentos. E os armazena. Mais tarde, olhamos para trás e ficamos imaginando que existiram daquele jeito mesmo – estáticos, retocados, perfeitos. Só que nunca foi assim. Não é assim que acontece. Nunca foi assim que aconteceu. Aquelas passagens, que nos causam saudade, nunca foram uma unidade com começo, meio e fim. Elas sempre foram vida em movimento, se conectando com outras coisas.

Sentir saudade é um pouco uma tentativa de congelar esse ritmo alucinante que nos torna velhos, que nos arrasta semi-inertes pelo tempo e pelo espaço, nos arrancando pessoas, ingenuidades, amores, amizades, cutículas e tônus muscular pelo caminho.

A nostalgia é uma reação a esse movimento intenso, caótico, incerto da vida que anda sempre para frente – uma tentativa de nos refugiarmos no passado, num lugar estático, sem riscos, onde tudo já aconteceu, onde tudo já está definido, onde tudo já é conhecido. Um lugar em que a festa dura para sempre. Assim como nós, nossos amigos, nossos amores, nossos pais ainda jovens, nossos filhos ainda crianças, nossos momentos mais felizes.

Aos 24 anos recém-completos, eu vivia a véspera de uma viagem que me levaria para longe, onde eu ficaria por muito tempo. Jantei pela última vez com amigos queridos – o pequeno círculo de irmãos e irmãs que fiz na faculdade. Com o peso da despedida pairando sobre a mesa. Com o peso da minha decisão de ir embora sentado entre nós.

Eu trocava de vida, rompia com a minha cidade, deixava para trás meus pais, meu país, meus amigos. Um exílio inicial de três longos anos, que poderia se prolongar por muitos mais. Eu tirava meu caminho de perto deles. Eu os estava perdendo. Para sempre, talvez. Eu lhes disse isso segurando o choro, quando nos despedimos, na calçada, em frente ao restaurante.

Falei alguma coisa sobre a possibilidade de desconexão, de não nos encontrarmos mais, aquela meia dúzia de almas que haviam se conectado pouco mais de meia década antes, ao entrarmos juntos na faculdade. Mesmo que voltássemos a nos cruzar, seríamos outras pessoas, já, era possível, sem qualquer intimidade ou coisas em comum – exceto um passado querido e cada vez mais distante.

Um deles me abraçou com ternura e minimizou a minha tristeza, dizendo que nada daquilo iria acabar. Os outros fizeram coro. Ele acreditava naquilo. E eu acreditei também. Todos nos agarramos àquela perspectiva menos melancólica naquele final de noite.

A verdade, no entanto, é que nós perdemos gente no decorrer da vida. E não só como consequência de um desterro como o que empreendi. Perdemos de qualquer jeito. As pessoas que chegam em nossa vida também partem. Mudam de cidade, de opinião, de turma, de modo de vida. Mudam a si mesmas, quem foram, como pensam, do que gostam, como borboletas rompendo pupas.

Estamos sempre, cada um de nós, indo para o seu lado, seguindo sua trilha, fazendo seu caminho. Eis o ponto: ficar não resolve. Estamos sempre em movimento. Mudamos a todo instante, mesmo quando estamos parados, tentando ignorar o tempo que passa veloz e feroz pela janela, diante de nossos olhos, zunindo seu uivo aterrador, nos envelhecendo, nos transformando em lembrança e saudade.

Pessoas entram e saem da nossa vida de modo quase involuntário. Estamos sempre nos cruzando. Amizades e amores são interseções cuja duração não dominamos e não podemos precisar. Às vezes você reencontra o sujeito lá adiante. E reata. E retoma noutras bases – você é outro, ele também. E é muito mais um novo encontro do que um *re*encontro. Reencontros não existem – aquelas pessoas que se desuniram um dia simplesmente não existem mais.

Trata-se sempre de novas pessoas que precisam ter novos interesses em comum hoje, muito mais do que lembranças em comum no passado. Assim, *outra* amizade surgirá na mesma relação. Ou: outra relação surgirá naquela amizade. Se o único interesse dessas pessoas for o amor e as recordações que cultivam por quem foram outrora, nada acontecerá – além de nostalgia. Relações acontecem no presente – o culto ao passado não sustenta mais do que alguns minutos de conversa e simpatia mútua.

Vale o mesmo para os amores. Um casamento de longo prazo comporta, e exige, vários relacionamentos em um só –

todos com a mesma pessoa, que nunca será a mesma na medida em que o tempo passa. Você casou com uma mulher dez anos atrás. Esse alguém que você se tornou precisa estar apaixonado por quem ela é hoje. E o sujeito que você será amanhã precisará se apaixonar quando acordar ao lado da mulher em que ela vai se transformar. Não é simples. A chance de desencontro é altíssima. E está sempre presente.

Nada é eterno. Essa talvez veja a verdade mais dura de admitirmos. Esse é o nosso pavor fundamental – nem o que amamos, nem nós mesmos, vai durar para sempre.

De um lado, forçamos a barra de amizades e amores que já morreram, que já não estão entre nós. Por medo da perda e de ficarmos sozinhos, deitamos na cama ao lado de um cadáver insepulto. Assim vamos vivendo nas sombras, entre espectros. E sofrendo com a solidão do mesmo jeito – só que a dois. De vez em quando socamos o peito daquele corpo sem vida, na esperança de que ele volte a respirar. E tudo fica ainda mais deprimente e desesperador.

De outro lado, esquecemos com grande frequência de nutrir as relações que temos. Cuidamos mal delas. Nós as damos de barato. Exatamente pela ideia errônea que temos de que elas estarão ali para sempre, congeladas em seu estado original. Abreviamos ainda mais o que já seria breve por definição. O "para sempre" é uma ilusão parnasiana. O "é e será como sempre foi" implica uma impossibilidade lógica – as coisas e as pessoas nunca foram sempre de *um* jeito, nem do *mes-*

mo jeito. Elas sempre estiveram em movimento, mudando, se transformando em outras e depois em outras e depois em outras – sem deixar de serem elas, porque mudar a todo instante é a verdadeira característica de "ser" alguma coisa.

O que depreendo disso tudo? Viva intensamente o momento. Invista tudo nas relações que lhe fazem bem. E foque no hoje. Extraia do seu presente tudo o que ele tem a lhe oferecer. Porque tudo passa. E passa rápido demais.

Saudade do amor que eu sentia por um amigo

Li o ótimo *Dean & Me – A Love Story* (algo como "Dean e eu – Uma história de amor"), uma radiografia afetiva, escrita por Jerry Lewis, sobre sua parceria de 10 anos, entre 1946 e 1956, com Dean Martin.

Jerry Lewis é um dos meus (anti)heróis de infância. Para a minha geração, ele era o rei da Sessão Comédia. Da Sessão da Tarde. Trata-se de um dos maiores humoristas do século 20. E seu humor continua funcionando – ao menos para mim. Comprei uma caixa com alguns dos melhores filmes da dupla e esses dias quase sufoquei de tanto rir com algumas passagens de *Artistas e Modelos*, de 1955. Ler agora o seu depoimento, e conhecer os detalhes e os bastidores da relação dos dois, foi uma delícia.

Eu tive um amigo que sempre me lembrou Dean Martin. Era um cara bonito. Um tipo de beleza paternal. Não era uma beleza baseada na perfeição. Mas talvez baseada numa espécie de masculinidade tépida, com jeito e cara e frequência de irmão mais velho. De gesto amigo, de colo disponível, de mãos grandes, de ombros largos. Meu amigo tinha tez mediterrânea e um corte de cabelo que lhe emprestava respeitabilidade. Seus sapatos masculinos e seu cinto de couro também o cobriam com uma autoridade tradicional, avoenga, meio retrô. Um homem à moda antiga.

Dean Martin, especialmente o Dean Martin da dupla com Jerry Lewis, era assim: o *straight guy* que dava o peso da correção às situações, que tinha uma conotação de pai de família, de marido provedor, de namorado que toda mãe deseja para a filha. (Até porque a sogra também se sentiria um pouco seduzida pelo genro – que também embutia um doce malandro.) Como galã, como espécimen exemplar de um certo gênero masculino, Dean expunha uma sensualidade suave, não agressiva, quase respeitosa, com galanteios e corte de primeira linha – que prometia prazer sem exigir voos para fora da zona de conforto da mulher.

E Dean parecia não levar nada disso muito a sério. Ele tinha um jeito peculiar de sorrir com os olhos, ao puxar a orelha de Jerry Lewis, ao cantar uma música romântica, ao levar um soco do vilão, ao beijar uma mocinha. Mantinha uma distância crítica e algo sarcástica de tudo aquilo. Meu amigo também tinha essa tremenda habilidade de sorrir com os olhos, de tudo, permanentemente – da vida, das situações, dele mesmo e, principalmente, de mim e das minhas pétreas convicções adolescentes.

Aos 17 anos recém-feitos, eu chegava de uma infância no interior para o primeiro semestre na faculdade, numa cidade grande, num ambiente novo e adulto, com gente diferente, fascinante e ameaçadora. Meu amigo e eu nos conectamos imediatamente. Ele era um cara macio, simpático. Um cara que me oferecia cumplicidade e acolhimento num ambiente desconhecido e potencialmente hostil. Sei lá o que possa ter gerado nele também algum interesse por mim. Talvez ele achasse bacana ter à mão um caçula como eu, cheio de ideias grandiloquentes e de indignações santas.

Viramos amigos de infância em poucas semanas. Mal nos conhecíamos e era como se tivéssemos um mundo de crenças, visões, opiniões e experiências em comum. Ficávamos assistindo à fauna universitária um pouco a distância, com um olhar crítico – o meu, mais frontal e ácido; o dele, mais irônico, maduro, poroso, de alma leve. Acho que nunca fui exatamente o Jerry Lewis, na dupla que formamos. Mas ele sempre foi, definitivamente, o meu Dean Martin.

O tempo e a vida nos separaram alguns anos mais tarde. Ficamos muito tempo afastados. Com um evento não muito bonito entre nós, que resultou numa carta ainda menos bonita escrita por mim para ele. (Se eu pudesse voltar no tempo, não teria enviado aquilo. Era uma época em que eu imaginava que expressar uma verdade era uma atitude tão corajosa que me eximia de cuidar do *jeito* certo de expressá-la. É algo de que me arrependo.)

Ele nunca passou recibo daquela missiva. Anos mais tarde, me enviou uma mensagem muito bonita. E fomos reatando nossa relação. Depois de mulheres, casamentos, filhos, mudanças radicais de endereço e de trajetória profissional e de interesses, acabamos nos reaproximando. Noutros termos, com outro tipo de proximidade e com outras expectativas um em relação ao outro.

Para mim, no entanto, aquele amor de irmão, aquela cumplicidade de sentimentos, aquela conexão fraternal vão existir para sempre, intactos, sagrados, em algum lugar dentro de mim.

Para ler quando seu amigo lhe trair

Quando um companheiro com quem você já teve tanto em comum lhe virar a cara, lhe cuspir no prato, lhe esfaquear pelas costas, lentamente, enquanto lhe abraça firme e sussurra uma mentira ignóbil com voz pegajosa em seu ouvido,

Quando um irmão querido recolher a mão, e se encolher, e fingir que não lhe conhece, e lhe negar diante dos centuriões, e recusar todas as coisas em comum que o unem a você, e renegar a simpatia que sempre teve por você,

Quando ele disser que não há compromisso algum entre vocês, que vocês nunca estiveram no mesmo barco nem jamais vestiram a mesma camisa, porque agora não interessa mais a ele ser visto ao seu lado, nem mesmo em retrospectiva, nem mesmo naquela foto antiga na parede,

Quando alguém próximo lhe perseguir na surdina, e lhe oferecer como troféu aos leões, e não resistir à inveja oculta que sempre sentiu de você, ou à raiva mesmo – porque a admiração vive a um passo do ódio e do rancor, porque ao amar alguém você se expõe e se fragiliza, porque ao reconhecer no outro algo que você não tem, você também está admitindo uma falta, uma falha, uma posição de algum modo inferior,

Quando a confiança que você depositou lhe for paga de volta com o escrotismo mais vulgar e vil, com um comportamento tortuoso e hostil como você jamais poderia prever,

Quando esse escrotismo for embalado numa justificativa racional, construída para lhe tirar o direito de gritar de volta, para permitir ao agressor continuar dormindo tranquilo à noite depois da agressão, para que ele possa viver no conforto do autoengano de não admitir para si mesmo seu ato como uma agressão,

Quando toda a mesquinhez do mundo jorrar de onde você menos espera, como um cano de esgoto podre que brota sob o gramado cheio de flores onde você estendeu sua toalha para o piquenique,

Quando e *se* tudo isso lhe acontecer,

Preste bem atenção ao amargo que você está sentindo lá dentro. Ao vazio ácido em seu peito, aos sacolejos em seu estômago. (O evento de perder um amigo ou de ver mais um desafeto se revelando tem gosto de fel. E nenhum azedume é maior do que ter o tapete puxado por alguém que você recebia para jantar em casa ou a quem você se oferecia em confidência.)

Então lembre de jamais, nunca, em hipótese alguma oferecer a outra pessoa o sofrimento que seu ex-amigo lhe impingiu.

Guarde bem o dissabor que você está experimentando desse lado da ponte para nunca, jamais, em hipótese alguma figurar do outro lado.

Sobre ser generoso com os outros

Eu me importo muito com meus amigos. Tomo, muitas vezes, os problemas deles como se fossem meus. Mas, desde há alguns anos, fui me dando conta de que nem sempre o que você enxerga como problema, de fora, é visto da mesma forma pelo seu amigo, que está dentro da situação. E quase nunca a receita que você oferece como antídoto ao sujeito é algo que vá fazer sentido de verdade para ele.

Os tempos e os ritmos são diferentes entre as pessoas. Assim como o teor e a direção das decisões que cada um toma. A vida é um jogo feito de escolhas – e das suas consequências em nossas realidades. Toda pessoa precisa ter a liberdade e a responsabilidade de exercitar isso no seu dia a dia.

Então é impossível "salvar" os outros das decisões que tomam – por piores que elas sejam – e dos desdobramentos que enfrentam por conta disso. Por mais que você ame essas pessoas e queira para elas apenas o que há de melhor. Exercer esse controle, ainda que amoroso e com a melhor das boas intenções, seria impedir o outro de viver. Ou de andar com as próprias pernas. Como na ótima frase que ouvi já faz um tempo: não adianta querer colocar o seu tijolo na parede dos outros. Não cabe direito, as medidas são diferentes, nunca resolve, nunca é suficiente, nunca é bom – a parede do cara continua torta, ou mal remendada, e você, bem, você desperdiçou um tijolo.

Uma vez precisei de um amigo – apesar de ter sempre me atirado ao mar para ajudar pessoas de quem gosto (e que às vezes nem sequer posso considerar "amigas"), sempre cultivei um baita pudor, quando sou eu que não estou bem, de levantar a mão e pedir socorro. Mas uma vez precisei que um amigo me apresentasse à empresa em que ele trabalhava. Na verdade, bastava encaminhar um trabalho meu. Não precisava lobear muito, nem levantar da cadeira, nem se colocar em maus lençóis, nem fazer quase nada. Era só dar um "encaminhar" e, sei lá, escrever duas linhas elogiosas a meu respeito ou a respeito do meu trabalho.

Meu amigo não o fez. Me devolveu o pedido dizendo que enviaria o texto – sim, era um texto para publicação num veículo jornalístico, numa época em que meu nome era uma grife ainda menos conhecida do que hoje –, mas que não insistiria muito com o seu colega. Lembro bem do seu argumento – ele não gostava quando insistiam com ele a favor do trabalho de alguém, então ele não insistiria a meu favor.

Ele não se desgastaria para abrir essa porta para mim – que, na época, ainda não tinha estreado na grande imprensa. Não sairia da sua zona de conforto. Repassaria a sugestão sem lhe acrescentar nenhum enfeite, asterisco ou piscadela. Esse cara era um daqueles amigos fundamentais, para a vida inteira. Que, bem, não se mostrou exatamente à altura dessa ideia. Mas eu não o considerei egoísta nem canalha. Lembro de ter aquiescido diante do seu profissionalismo, e de ter admirado a sua sinceridade (para comigo) e a sua honestidade intelectual (para consigo mesmo). Mantive o silêncio e preservei unilateralmente a nossa amizade de qualquer solavanco que pudesse advir dessa relativa frieza na sua ponta da corda.

Alguns anos mais tarde, a situação se inverteu. Ah, como a vida dá voltas... Eu estava bem posicionado numa grande empresa do ramo em que ele e eu atuamos. Ele estava bastante insatisfeito com o emprego que tinha e com a própria carreira. Eu lhe ofereci trabalho. E isso fez muito sentido para ele naquele momento – o dinheiro, a visibilidade, o projeto em si, a reconexão com a profissão.

Em tempo, o apresentei a um colega, que acabou contratando meu amigo em definitivo, trazendo-o para dentro do barco numa ótima posição. E eu não tinha muito contato com esse colega – nós inclusive atuávamos em áreas que competiam um pouco dentro da empresa. Ou seja: eu me expus, saí da minha zona de conforto, corri o risco de mais tarde ver aquele colega intercedendo junto a mim em nome de alguém. Poderia não ter feito nada disso. Estaria operando numa lógica simples de reciprocidade – você não se mexe por mim, eu não me mexo por você. Mas eu sabia que meu amigo tinha talento – será que lá atrás ele duvidara do meu? E que aquela aproximação que eu promovia era boa tanto para a empresa quanto para ele.

Então, não pensei duas vezes. Isso, para mim, é natural. Atar pontas, estabelecer pontes, indicar caminhos, juntar gente que está se procurando no mercado ou na vida. Não custa nada. Jamais me ocorreu oferecer a meu amigo o mesmo tratamento distante com que ele havia me brindado quase uma década antes. Eu não seria eu mesmo se tivesse agido assim. Gosto de ser inclusivo. De ver gente e oportunidades se conectando. Fico feliz quando consigo potencializar esses encontros.

Ser generoso é bom. Faz bem para a pele. Aumenta seus anos de vida. Acho que generosidade, no fundo, é isso: fazer a coisa certa sem esperar reciprocidade. Agir direito sem ficar fazendo conta do retorno que isso pode ter. E continuar agindo direito mesmo quando você já sabe, de antemão, que isso não vai lhe trazer retorno algum.

Sobre ser generoso consigo mesmo

Uma vez eu estava almoçando e me proibindo um Häagen-Dazs de sobremesa. A conta do restaurante ia ficar mais cara.

Era um almoço qualquer, em dia de semana. Uma refeição feita para ser rápida e funcional, sem prazeres extras nem gastos supérfluos. Seriam calorias a mais, duras de perder para um sujeito na minha idade. E um prazer solitário, sem os filhos ou a família por perto, coisa que caras como eu adoram se negar. Então me proibi esse mimo. Sairia dali culpado se comesse aquele Häagen-Dazs – como se estivesse traindo os meus ao me deliciar sozinho ou ao gastar dinheiro só comigo.

Você tem dessas doideiras também? Bem, eu já tive muito disso. Então percebi que precisava reagir àquela autocensura maluca que eu estava me impondo. Aquele poderia ser meu último Häagen-Dazs. Lembrei do verso perfeito de John Lennon, na música que fez para o seu filho Sean: *Life is what happens to you while you are busy making other plans* (algo como "Vida é o que lhe acontece enquanto você está ocupado fazendo outros planos").

Em seguida me dei conta do sujeito estoico, monástico, espartano que carrego dentro de mim. Um tremendo inimigo íntimo. Que preciso combater a todo momento. Esse sujeito detesta que eu sinta prazer, que eu goze a vida, que eu desfrute o dia.

Então, naquele dia, como fiz algumas outras vezes, eu me mandei tomar no cu – e pedi o Häagen-Dazs. E ainda por cima de doce de leite. Me permiti. Porque a vida acontece agora, enquanto você está com a cabeça ocupada fazendo contas, cultivando preocupações, projetando o futuro ou remoendo o passado.

Eis o que aprendi, pela milésima vez: *Seize the day! Carpe diem*, meu! *Hakuna Matata!* Vou ter que aprender outras mil vezes, provavelmente, até a ficha cair. Mas não desisto.

ENTRE A MELANCOLIA E A ALEGRIA

Tem gente que é alegre. E tem gente que é melancólica. Tem gente cuja primeira reação é a risada. E gente que vive de cenho franzido. Você nasce com isso, creio eu. Mas também aprende a ser mais alegre ou menos melancólico com o desenrolar da existência.

Quase tudo na vida é assim: a gente é gene – mas não é *só* gene. A gente é cultura – mas não é *só* cultura. Somos uma mistura da biologia com a experiência. Então é tão legítimo dizer que um sujeito é "naturalmente" melancólico quanto dizer que outro sujeito "aprendeu" a dar risada da vida.

O meu olhar é melancólico. Minha tendência é a tristeza, meu movimento inercial é ir em direção à introspecção e ao bode. Minha batalha tem sido treinar meu olhar a enxergar também a grande alegria de viver, a felicidade de acordar todo dia, de ser gente, de morar nesse planeta, de travar contato com as pessoas que me rodeiam, de tocar meus projetos e de sonhar meus sonhos.

Sublinho aqui outra compreensão valiosa sobre a vida: tudo é treino. Tudo é hábito. Eu sei que ser alegre é uma frequência muito mais legal do que ser sorumbático. A questão, que requer treino, é tornar essa percepção um hábito, fazer dessa ideia algo que você executa "naturalmente" em sua vida, mesmo quando a sua "natureza" é outra.

A questão, portanto, não é apenas *saber* o caminho, mas *sentir* o caminho. E, mais do que isso, *trilhar* efetivamente o caminho. Para mim, isso significa ajustar a lente para enxergar a vida com bom humor, com ironia e autoironia – e esse é um desafio diário, um trabalho que, creio, nunca vou conseguir dar como concluído.

Uma vez jantei, a convite de um amigo querido que fiz em meus tempos de televisão, com dois humoristas dessa brilhante geração do *stand-up comedy* nacional. Fiquei impressionado com o modo como a dupla enxerga as coisas – tudo passa pelo crivo do humor. É como se eles estivessem sempre armados para arrancar o riso que se esconde em todas as coisas. Como se não vivessem para outra coisa que não rir dos outros e de si mesmos, e das situações, boas ou ruins, com que vão cruzando pela vida.

Enquanto um cara como eu pensa "sério", eles pensam "engraçado".

Enquanto minha atitude é "solene", a deles é "pândega".

Enquanto a minha arte é o "drama", a deles é a "comédia".

Enquanto a minha arma é o "argumento", a deles é a "sátira".

Enquanto eu persigo o "raciocínio" indutivo, eles perseguem a "síntese" irônica.

Enquanto eu busco construir sobre a denotação, um escravo da "lógica", eles buscam desconstruir, a partir das conotações, a serviço da "sacada".

Enquanto o meu jogo é "compreender", suprir a "falta" e gerar uma "ideia", o deles é "provocar", explicitar a "falta" e gerar o "riso".

Enquanto o que eu faço é "prosa" (ainda que prosa poética, no melhor dos casos, quando alcanço alguma inspiração), o que eles fazem tem realmente mais a ver com a "poesia".

Não acho que meu jeito de olhar em volta me torne um sujeito necessariamente mais triste – ainda que, sim, muitas vezes, menos expansivo e menos divertido. (O que acaba significando menos sorrisos para os outros e para mim mesmo.) Também não acho que o jeito de eles enxergarem o mundo lhes proteja dos dias cinzas e dos sentimentos encovados. Apenas acho que o esporte deles, no final das contas, é mais legal que o meu. (O que já é uma conclusão um bocado melancólica, que perde a oportunidade de dar uma boa gargalhada disso tudo, não é mesmo?)

SOBRE OS ANJOS E DEMÔNIOS QUE EXISTEM DENTRO DE VOCÊ

Não sei se você já percebeu, mas tem alguém aí dentro de você, dividindo seu corpo com vossa digníssima senhoria. É alguém que está sempre junto a você, ocupando sua mente, esteja você acordado ou dormindo. Essa pessoa dialoga com você o tempo todo. Observa tudo o que você faz. E julga como ninguém. É uma daquelas pessoas que fala tudo o que pensa, na lata, na hora, sem se importar em como você vai se sentir.

Você conhece bem essa pessoa que está aí dentro. Ela é *você*. O seu alter ego, o seu duplo. Enquanto você se assume como aquilo que você e os outros veem, a sua porção visível, essa outra criatura, o seu espelho, existe para dentro, e no mais das vezes só você mesmo tem acesso a ela. Ela, por sua vez, tem acesso irrestrito a você.

Trata-se de uma versão de você mesmo, que opera aí dentro, na sua cabeça, junto ao seu coração, um ente com o qual você tem uma relação vitalícia e confidencial. Ele o conhece intimamente. (Embora você não o conheça tão bem assim. Ele conhece as suas cartas, mas nunca coloca as dele na mesa.) Trata-se de um sujeito do qual você nunca conseguirá se esconder ou se livrar.

Esse ente pode ser um anjo. Pode lhe ajudar. Ao lhe conhecer como ninguém, ele pode lhe oferecer o melhor dos incentivos para ir adiante, para operar conquistas, para transformar sonhos em realizações. Ele pode ser aquele amigo de todas as horas, que lhe suporta nos momentos difíceis, que lhe joga para cima. Um confidente leal, que lhe diz as coisas com jeito, sempre com espírito construtivo. E que lhe ajuda a corrigir rotas e a fazer a coisa certa. Para estar bem com você mesmo é preciso estar bem com ele – que agirá como um anticorpo contra os maus estímulos, contra as ameaças externas, lhe protegendo, lhe fortalecendo e lhe guiando, como um anjo.

Mas esse ente também pode lhe prejudicar. Por lhe conhecer como ninguém, pode operar nos seus pontos fracos, e lhe travar a vida, e lhe impedir de ser feliz. Pode ser aquele falso amigo, aquela figura infernal que lhe atrapalha o quanto puder, como se não fosse com ela, e como se ela não fosse você. Alguém que lhe põe para baixo, que nutre em você toda sorte de emoções (auto)corrosivas. E que desconfia de você e da sua capacidade. E usa tudo o que sabe a seu respeito contra você. Alguém que lhe assombra à noite e lhe aterroriza durante o dia. E lhe nega apoio, e lhe martela da pior forma possível com as verdades mais duras – e com as mentiras mais capciosas – a seu próprio respeito. Como um vírus disposto a trucidar o hospedeiro. Como um demônio.

Aquele anjo nem sempre usa do elogio para ser seu melhor amigo. Porque os melhores amigos não têm só tapinhas nas costas a oferecer.

Assim como aquele demônio nem sempre trabalha com os instrumentos de tortura clássicos para lhe atormentar. Às vezes ele lança mão do aplauso e do incentivo – para lhe conduzir mais celeremente à beira do abismo.

Aquele anjo e aquele demônio disputam dentro de você a condição de ser o conselheiro a quem você ouve de verdade.

Então você pode escolher o companheiro de viagem que lhe acompanhará vida afora.

Escolha bem.

Mr. Hyde & Dr. Jekyll

Sempre fantasio ser um cara mais alegre do que realmente sou. Em meu espelho onírico, estou sempre sorrindo, irradiando felicidade, contagiando as pessoas à volta com alegria. Esse é o avatar que eu gostaria de ter – e de ser.

No entanto, sou um Barry Manilow no jeito de sentir, sou um James Blunt nas impressões sobre a vida, sou um Roberto Carlos sentindo as coisas à italiana, com aquele *blues* de *canzone napolitana* incrustado no peito, que não admite notas ensolaradas, e que prefere sempre o peso e a escuridão da caverna à brisa ensolarada de um passeio ao ar livre.

Compro roupas alegres que depois não sei direito como usar, e que parecem no fundo nunca casar muito comigo ou com as minhas rotinas. São como manifestos que eu mesmo tenho dificuldade de assinar embaixo. Adoro música alegre, para cima – mas meus *playlists* estão repletos de melodias contundentes e melancólicas.

Acho que ofereço poucos sorrisos aos outros e a mim mesmo. Queria rir mais. Mostrar os dentes é tantas vezes uma atitude que me exaure. Acho que sou por demais literal, frontal, reto e direto em tudo – embora quisesse ser mais liso, levar mais na boa, dar mais a volta, rir mais das situações. Queria ser pândego, solto, informal. No entanto, sou solene, austero, contido.

Sou, enfim, um cara sério – que leva tudo a sério demais. Sou um tipo preocupado que adoraria ser mais descontraído. Sou uma formiga que sonha ser cigarra. Um ermitão que namora a *rave* de longe, só que com mais vontade de chorar sozinho por sua solidão do que de se juntar de verdade à euforia da galera.

Ou então toda essa minha formulação está equivocada e na verdade eu não sou um cara tão melancólico assim – e talvez até consiga fazer as pessoas em volta darem umas risadas de vez em quando, e talvez até consiga também me entregar a umas gargalhadas aqui e ali.

Talvez esse embate íntimo de valores e estilos, entre quem eu sou de fato e quem eu gostaria de ser, tenha uma estatura muito maior dentro de mim do que aquilo que eu deixo transparecer aos outros. Talvez eu sofra muito mais internamente do que tisne o mundo ao redor com as minhas sombras.

Seja como for, admiro demais as pessoas que enxergam o mundo pela ótica do humor, e veem o ridículo e o engraçado em quase tudo que nos cerca, e riem disso e de si mesmas. O mundo, para elas, não tem peso. A vida não lhes dói. Sua primeira reação é achar graça. Para mim, infelizmente, o sorriso nunca foi uma reação natural. (E se o humor é mesmo um sinônimo de inteligência, eis aí uma burrice minha que preciso trabalhar.)

Coitadinhos não existem.
Então você não é um deles

O coroa era pândego. Seu olho azul brilhava num ardil fino e cortante quando me convidava a rir sobre alguma coisa. Ele chamava o interlocutor a achar graça das coisas a todo momento. O velho ria de tudo. De modo sarcástico e inteligentíssimo. Era um cínico no melhor sentido da palavra – um sujeito com poucas crenças, fé nenhuma, escaldado por anos de janela, observando o comportamento humano, e nutrindo uma capacidade tremenda de rir de si mesmo e dos outros e da nossa grande tragédia, ou tragicomédia, e das nossas misérias e frustrações e impossibilidades.

Se existir é sofrer, e se viver é administrar perdas, só nos resta rir. É tão óbvio – e tão difícil de fazer.

Um dia ele me saiu com essa: "Nunca conheci um supertalento que tenha sido injustiçado ao longo da carreira, um megaprofissional soterrado por um mercado malvado que lhe virou as costas."

Ele queria dizer com isso que quem descarrilha, quem não dá certo, quem vive à margem, de algum modo fez por merecer estar naquela posição desconfortável. Pelo que realizou ou pelo que deixou de realizar.

Segundo ele, você pode sofrer uma injustiça aqui, tomar uma rasteira ali. Mas se isso é um padrão em sua carreira, se isso se transforma num corolário de desculpas para você não ter chegado tão longe quanto gostaria, o mais provável é que a responsabilidade pelo fracasso seja sua e não dos outros.

O mercado, na visão do meu velho professor, não desperdiça gente boa. Por mais que elas sejam cheias de arestas. Gente boa *mesmo* sempre tem lugar.

Então, por favor, pare de sentir pena de si mesmo.

Isto tudo sou eu – pequeno autorretrato à moda de Francis Bacon e Fernando Pessoa

Gostaria de dizer que sou um vencedor.

Não sou. Perdi tanto.

Tantas vezes experimentei a rejeição das meninas por quem me apaixonei.

E rastejei. E me humilhei. E lancei mão da chantagem emocional e da autopiedade pública como armas bem calculadas.

Tantas vezes tentei ser quem eu não era. Em vão.

Tantas vezes não fui o melhor, terminei atrás, saí de cena mais cedo.

Tantas vezes não fui o mais charmoso, aquele por quem as pessoas torciam, o vencedor.

Tantas vezes não fui o filho que meus pais desejaram.

Tantas vezes me olhei no espelho e não enxerguei alguém que me agradasse. (Nem sequer minimamente.)

Tantas vezes não mereci – não era meu o direito divino, nem era meu o direito de nascença, nem mesmo o merecimento conquistado pela via do mérito.

Tantas vezes fui canhestro, *gauche*. Um habitante do acostamento, um amante da contramão, o joãozinho do passo errado.

Tantas vezes fui o bode na sala. Fui o ser errático, chato, torto, patético.

Tantas vezes espantei gente. E me alienei dos convívios.

Tantas vezes servi de alívio cômico para os outros.

Tantas vezes sobrei, caí, fui defenestrado. Fiquei de fora, não fui convidado, me juntei aos excluídos.

Tantas vezes tive asco de mim. E vergonha de mim. E pena de mim.

Gostaria de poder dizer, diante de tudo isso, que ao menos fui um bom lutador.

Mas isso também não é de todo verdade. Não gosto de briga. Fujo dos conflitos.

Tantas vezes desisti antecipadamente, entreguei os pontos, porque me faltaram fibra e caráter.

Tantas vezes abandonei o time, deixei os outros – meus companheiros –, e a mim mesmo, na mão.

Tantas vezes virei as costas e fechei os ouvidos para não escutar.

Tantas vezes me escondi quando deveria ter mostrado a que vim. E busquei contemporizar quando deveria ter dado a cara a tapa.

Tantas vezes tinha o dever de enfrentar – e fugi como um rato. Ou me escondi e esperei o tempo melhorar – por inércia ou por benefício da ação de outros.

Tantas vezes fui oportunista e só pensei em mim.

Tantas vezes passei a bucha, a pica, a merda adiante. E me eximi de toda e qualquer responsabilidade.

Tantas vezes fingi que não era comigo.

Tantas vezes fui pusilânime, melífluo, invertebrado, batráquio. E surdo e cego e insensível.

Gostaria de dizer que ao menos consegui superar minhas próprias limitações.

Que não saio por aí procurando enfrentamentos mas que, quando confrontado, soube reagir condizentemente.

Mas não é assim. Fui tantas vezes covarde. Tantas vezes sucumbi ao medo.

Tantas vezes minha ausência de coragem física e de coragem intelectual me paralisou. Me tornou afásico. E agudizou meus aspectos ridículos – que não são poucos.

Tantas vezes sequer consegui defender a mim mesmo dos achaques. Quanto mais aqueles que me cabia defender.

Tantas vezes engoli o que queria dizer e desisti do gesto que queria ter feito.

Tantas vezes me arrependi do que me arrisquei a dizer, da atitude que tomei num arroubo, seguindo meus instintos e desobedecendo meus freios.

Tantas vezes quis voltar a ser criança para não precisar decidir mais nada na primeira pessoa, para existir para sempre na zona de conforto, para transferir aos outros minhas responsabilidades – numa atitude "resolvam por mim".

Gostaria de dizer, por fim, que minha trajetória foi impoluta.

Que ao menos eu trago as mãos e a consciência limpas.

Mas, que diabos, há passagens de que me arrependo. Há coisas que eu faria diferente. Há pessoas que eu trataria de outra forma.

Tantas vezes não fui leal.

Tantas vezes não fui justo.

Tantas vezes não fui correto.

Tantas vezes não fui fiel – nem a mim mesmo.

Tantas vezes traí. Sem remorso.

Sabendo exatamente o que estava fazendo em cada uma dessas circunstâncias.

Isso tudo sou eu.

Nada que um texto charmoso possa eximir.

3

APRENDENDO A LIDAR COM A ANSIEDADE

A INIMIGA DE TODAS AS HORAS

A ansiedade é uma companheira inevitável. Sei lá se é mesmo um fenômeno típico desses dias ultravelozes que vivemos ou se sempre foi assim. Minha aposta é que a ansiedade é um traço humano. Uma resposta natural ao fato cruel de que a vida da gente é curta e passa rápido. Sempre foi assim e sempre será: homenzinhos como você e eu correndo contra o tempo, em direção ao fim.

Então não importa se a vida ao redor é mais lenta, como era no século 18, quando vivíamos 35 anos, ou se é frenética, como tem sido da década de 1990 para cá, com expectativa de existirmos 90 anos. O problema é o dínamo antimorte que carregamos no peito, e que nos joga à frente, e nos acelera, em louca cavalgada.

A resposta típica do século 21 a esta insuportável certeza de que não vamos existir por muito mais tempo é pisar fundo no acelerador. O sujeito anda a 180 km/h, fazendo tudo ao mesmo tempo, fundindo seu motor, e ainda assim tem crises de consciência por estar avançando pouco, assolado pelo constante sentimento de culpa de estar fazendo sempre menos do que aquilo que imagina que seria seu dever.

A ansiedade é um negócio tão brabo que detona o sujeito tanto pela velocidade, quando ele começa a se desintegrar em pleno voo, quanto pela apatia, quanto a pessoa está aparentemente tranquila, sem nenhum incêndio para apagar, sem nenhuma grande responsabilidade a cumprir, e sente sorrateiramente o coração descarrilhar. Tudo que a gente quer é parar. Mas quando para, não aguenta a estagnação, e é avassalado pelo sentimento de que está ficando para trás enquanto o mundo continua girando, histérico, para o alto e avante.

Quando reduzir a marcha, curtir a paisagem, jogar conversa fora, dar a si mesmo e a tudo ao redor o tempo devido se tornarem práticas insuportáveis, saiba que isso é apenas a ansiedade operando sua influência funesta sobre você.

Um ponto central da ansiedade, para quem é ansioso como eu, é a sanha de controlar as coisas. O sujeito controlador é um ansioso *crítico* e um ansioso *crônico*. Deveria ser apresentado nas escolas primárias como exemplo às crianças do que não fazer. (Eis-me aqui um candidato!)

O controlador quer pôr ordem no mundo, nas coisas, nas pessoas. Uma ordem estática, perfeita, que não existe na natureza e nem em lugar algum. Mas que fica queimando na cabeça e no estômago do sujeito como se isso fosse pré-requisito para uma vida feliz. O ansioso é o sujeito que quer ter tudo sob controle. Nenhum risco, nenhum imprevisto, nada que não esteja absolutamente dominado.

Trata-se da mania de deixar todos os livros perfeitamente organizados na estante antes de dormir. Esse é um projeto impossível. Suicida. A vida é feita de centenas de prateleiras que nunca estarão prontas – inclusive porque elas amanhecem todo dia com novos livros enfiados entre os outros.

Tão importante quanto ter algum controle sobre os vários escaninhos da nossa vida, de modo a poder organizá-los minimamente, é aprender a lidar com as surpresas, com a ausência de garantias e de certezas, com o quinhão de caos que nos orbita todos os dias, com o tremendo desconforto de saber que, no fundo, não temos controle sobre coisa alguma.

Pior do que notícia ruim é esperar por ela

Certa vez recebi uma má notícia no âmbito dos negócios. Não foi uma notícia *péssima*. Mas foi uma notícia *ruim*. E tive uma sensação estranhamente agradável ao ver aquela situação definida. Ainda que o encaminhamento dela não fosse bom para mim, ter a questão finalizada gerou um sentimento muito melhor do que o que eu experimentara no momento anterior, de indefinição.

Eis o que quero dizer: a ansiedade é pior do que a notícia ruim. Esperar por um desfecho, e sofrer no vazio, na inconcretude de uma possibilidade de tragédia, é muito mais doído do que encarar a tragédia em si. O sofrimento da antecipação não tem tamanho. Ou melhor: adquire o tamanho da nossa ansiedade. Que nunca é pequena. Que quase sempre descamba para a hipérbole e para o paroxismo. Lidar com a coisa como ela é, mesmo quando o quadro não é bom, é uma batalha muito mais objetiva, clara e, portanto, melhor de ser enfrentada.

Não é a notícia ruim, o desfecho, que nos faz sofrer – o que machuca de verdade é a gastura ao longo do processo.

Ansiedade é pior que câncer

É ridículo, é estúpido, é cruel. Mas é verdade. A ansiedade é um processo doentio que pode fazer o sujeito sofrer mais do que uma doença física.

O ansioso não sofre com a realidade, mas com a expectativa. O ansioso se lastima menos com uma situação real, ainda que terrível, do que com a antecipação dessa situação, que ele sofre terrivelmente.

O ansioso prefere a falência do seu empreendimento, uma situação concreta para ele enfrentar, do que uma *possibilidade* de sucesso, de onde advêm toda sua angústia e sua insônia.

E qual é a primeira coisa que o ansioso fará, logo depois de resolvida uma situação que atiçava a sua ansiedade? Vai recusar o momento de relaxamento e procurar, ou engendrar, tão logo quanto possível, outra situação que lhe sirva de fonte de desassossego, para voltar a roer as unhas e produzir suco gástrico.

Mal atingem uma determinada meta, os ansiosos já se impõem um novo desafio. De preferência mais espinhoso e inexequível. Ou seja: já começam a sofrer de novo. Sofrimento *non stop*. Ansiosos são estoicos. Mais do que isso: são masoquistas.

Eis o que o ansioso não percebe: o sucesso não é uma meta, é um *processo*. Estamos sempre em movimento e o êxito não é senão continuar caminhando com alegria, esperança e serenidade em direção a ele. O sucesso não é um patamar fixo a ser alcançado – mas um movimento diário, em que a única coisa garantida é a necessidade de continuar em movimento, andando, um passo de cada vez, um tombo hoje, uma vitória amanhã.

Os ansiosos se esfalfam pelo caminho. Colocam toda a recompensa pessoal pelo sacrifício na linha de chegada. Não apreciam a frase, muitas vezes bonita, que vão escrevendo pela vida – estão sempre afogueados por cravar o ponto final na sentença, como se só ele importasse. Uma coisa maluca. Ansiosos aceleram tanto que se esquecem de apreciar a paisagem. De olho na bandeirada final, nem sabem direito por onde passaram. Sempre haverá lacunas em nossa trajetória. Espaços vazios a serem preenchidos só somem da vida da gente quando a vida da gente termina.

Mas o ansioso não reconhece o quanto já conquistou. Não celebra o tanto que caminhou. Está sempre em dívida consigo mesmo, se sentindo atrasado. A ansiedade cobre a visão do sujeito com uma névoa de pessimismo – ele passa a enxergar somente as tragédias possíveis, só o que pode não dar certo, e as decepções e rejeições que ele tem certeza que pontuarão seu caminho.

O ansioso é um escravo das expectativas que há sobre ele. Seja a que vem dos outros. Seja a que brota dele mesmo

– aquela que ele imagina que os outros nutrem e que, assim, incorpora ferozmente à sua rotina. Dê muita responsabilidade a um ansioso crônico e você terá fabricado um depressivo. Deposite grandes expectativas num ansioso limítrofe e você terá criado um suicida em potencial.

Peraí... ansiosos são depressivos? Se uns sofrem por querer antecipar tudo e por acelerar até o limite, enquanto outros sofrem pela letargia diante da vida e pelo desgosto diante das oportunidades, eles não seriam diametralmente opostos?

Aprendi esses dias: o ansioso é um cara adrenalinérgico (nome oficial de quem vive se bombardeando com adrenalina). Só que uma hora o sujeito desaba com tanto hormônio. Funciona como uma espécie de botão de desligar do corpo, devastado pelas descargas químicas. De tanto ficar ligado, o sujeito cai em depressão. Como uma compensação do organismo, o sono letárgico depressivo vem como reação aos píncaros de atenção e de vigília para onde o sujeito se levou com a sua ansiedade.

Nessa perspectiva, a depressão não seria a tristeza absoluta, vinda do espaço sideral como um castigo cósmico aos muito melancólicos, mas como uma resposta do organismo a estados de alerta e de tensão elevadíssimos, sustentados por um tempo longo demais.

A ansiedade é o novo mal do século. Há psicólogos dizendo que quase todos os males psicológicos têm na base a ansiedade. Eis o nome completo da loba: ansiedade antecipatória. Algozes como depressão e crise do pânico seriam faces diferentes desse mau hábito da mente de olhar para o futuro e para a vida ao redor com a sanha de controlá-los, de imunizá-los, de ordená-los, de castrá-los, de securitizá-los.

A ansiedade antecipatória aflige dez entre dez pessoas, impactando-as com níveis diferentes de sofrimento psíquico. Vai desde quem dorme mal por conta de um compromisso no dia seguinte até quem desiste em definitivo da vida por sentir que não é mais possível suportar o grau de incertezas que ela impõe.

Os psicólogos ensinam alguns exercícios bacanas para quem quiser olhar esse bicho-cabeludo nos olhos – e enfrentá-lo. Exercícios que passam por mudanças no funcionamento do indivíduo no seu dia a dia. Sim, é possível vencer a ansiedade. Mas para deixar de sofrer você terá de estar disposto a alterar de verdade alguns hábitos. Porque a ansiedade advém do comportamento – e é lá que você precisa debelá-la.

Um dos pontos é focar no processo e não na falta. Trata-se de não jogar a satisfação somente na conclusão da tarefa, ou as alegrias apenas no atingimento de uma meta, mas obter prazer *durante*, e compreender que não há ponto final em nada que vivemos – tudo é fluxo.

Uma coisa conecta na outra, um evento se entrelaça ao próximo, pessoas e problemas e soluções estão sempre gerando interseções que se formam, e que desaparecem no momento seguinte, à medida que vamos vivendo. Então, só é possível ser feliz se percebermos esse movimento ininterrupto e decidirmos obter prazer no próprio processo. Ainda que muitas vezes ele pareça – e seja mesmo – um redemoinho.

O ansioso foca sempre no que ainda não está ganho e garantido. E essa conta será sempre negativa. Porque nada está ganho e nada está garantido. Daí o negativismo do ansioso, que só consegue ir adiante fazendo essa conta – e se desesperando diante das variáveis incontroláveis, e dos riscos inevitáveis, que sempre serão maiores do que as certezas.

O que ainda falta realizar representará sempre um campo maior do que aquilo que já foi realizado. Se esse for o parâmetro, estaremos fadados ao sentimento eterno de frustração – mesmo tendo construído obras magníficas por onde passamos.

A vida não é chegar, a vida é caminhar. Então curta o andar da carruagem, a grandeza da trajetória. Aprenda a extrair prazer e compensações do seu dia a dia. De que vale passar a vida toda agastado, sempre chutando a felicidade e a satisfação para o dia seguinte?

Viva hoje. Aproveite a jornada. *Enjoy the ride.* É aqui que a vida acontece.

Quando a percepção destrói a realidade

Uma das coisas mais malucas entre os ansiosos é que pouco importa se o cenário lá fora é bom ou ruim, se a vida melhorou ou piorou. À medida que a ansiedade antecipatória vai crescendo e tomando conta do sujeito, ele vai deixando de levar em consideração os fatos, de enxergar aquilo que realmente está acontecendo ao redor. Resolve-se a causa da ansiedade de hoje e o sujeito achará outras fontes para a ansiedade de amanhã.

O sujeito fica ansioso porque está insatisfeito com o emprego e porque seu dia a dia anda muito infeliz. Sai da empresa e fica ansioso porque está desempregado e não sabe se conseguirá se recolocar. Arranja um novo emprego e fica ansioso porque não sabe se dará conta do novo desafio.

Ou então: a mulher não engravida e o sujeito fica ansioso por não saber se um dia conseguirá ser pai. A mulher engravida e ele fica ansioso com a gestação, que é sempre um risco, e depois com o parto, que encerra mil perigos. A criança nasce e ele fica ansioso diante da sua obrigação de prover dignamente para aquele rebento. A criança cresce e ele fica ansioso pelo futuro dela, num mundo como o nosso.

Esse é um ponto crucial para quem sofre de ansiedade: as coisas nunca são o que elas são, elas são sempre como a gente as enxerga.

Pare de só enxergar tragédias

Um jovem me procurou um dia para dizer que estava muito preocupado com a sua situação profissional. *Preocupado*, não esqueçamos, significa ocupar-se de um problema *antes* que ele aconteça de fato. Trata-se, portanto, precisamente, de uma *ocupação prévia*, de uma *pré-ocupação*.

Seu estágio estava no fim e ele pressentia (o que significa sentir antecipadamente, *pré-sentir*) que talvez não fosse renovado. A ansiedade do meu novo amigo tinha ganhado uma bela ajuda: sua mulher estava grávida e o bebê nasceria um mês antes do final do contrato. Uma situação que, de fato, tem o poder de suscitar um bocado de insegurança.

Eu lhe disse, em primeiro lugar, que ele não poderia desconsiderar as chances de *não* ser demitido. E até mesmo, quem sabe, ao contrário, de ser efetivado e *promovido*. O ansioso, eu sei bem disso, costuma cometer esse crime contra si mesmo: na falta de uma garantia de que as coisas vão dar certo, ele passa a acreditar piamente que elas vão dar *errado*. Na falta de elementos para ser otimista, o ansioso adota o pessimismo – baseado na mesmíssima falta de elementos.

Disse a ele também que, na possibilidade de ser realmente mandado embora, as chances de esse evento acarretar coisas ruins não poderia de novo obnubilar as chances de que ele também pudesse trazer coisas boas. Eis um ponto fundamental que todo ansioso que preza costuma esquecer ou ignorar: a incerteza tanto pode trazer surpresas ruins quanto surpresas agradabilíssimas.

Incertezas não são necessariamente ruins – elas são possibilidades em aberto. Exatamente por isso, por sua imponderabilidade, não podem ser acusadas de conduzir necessariamente a desgraças. Se nada está garantido, se nada foi estabelecido, então cenários espetaculares também têm chance de ser construídos.

Claro que falar ou escrever sobre isso é fácil. Racionalizar, quando não está doendo na gente, é simples. Difícil é agir do melhor modo quando estamos no protagonismo da situação. Difícil é domar o sentimento de pânico que nos arrebata bem lá no fundo do peito, a cada nova manhã.

O PESSIMISMO É UMA DOENÇA

A grande maioria das nossas apostas tem 50% de chances de dar certo e, óbvio, 50% de chances de dar errado. Ou, se olharmos bem, a grande maioria das apostas que fazemos na vida tem bem mais de 50% de chances de dar certo. Fosse o contrário, não faríamos a aposta.

Se fazemos e refazemos contas, se traçamos e checamos planos, se avaliamos e debugamos variáveis e se o projeto parece bom depois de tudo isso, é claro que se trata de uma ideia acima da média, que tem tudo para ser exitosa.

Na maioria das vezes, no entanto, esse favoritismo não se reflete em bons sentimentos na hora de botar o projeto para rodar. É comum focarmos muito mais nas chances de a coisa dar errado, ainda que essas chances sejam menores do que as chances de a coisa dar certo, ainda que os sinais de sucesso pisquem freneticamente ao redor.

Ao menos comigo, é assim. Sou um pessimista nato. Tenho uma tendência de prestar atenção sempre às pequenas imperfeições do acabamento e não ao aspecto mais amplo da obra erigida. Perco muita energia olhando para as coisas que podem não sair a contento, ainda que elas sejam pouco relevantes perto de todas as metas que vão sendo cumpridas.

Esse é um vício que eu cultuo. Funciona como uma crença de que esse comportamento paranoico, fóbico, maníaco representa, no fundo, uma garantia para as vantagens competitivas que eu gostaria de ter: capacidade de entregar sempre além do contratado, operar com uma taxa de erros baixa, exorcizar sempre com carradas de eficiência os fantasmas do *underdelivery* e da *underperformance*.

Muitas vezes dá certo. Mas a que preço?

Sofro de graça, quando poderia estar em paz. Me angustio por nada, quando poderia estar contente. Tenho que administrar minha autoestima, aos trancos, quando poderia estar um pouco mais orgulhoso de mim mesmo. Deixo de enxergar o cenário ao redor, na sua inteireza, para perceber apenas aquilo que ele tem de menos brilhante.

Enfim: não faz sentido.

É PRECISO CRER PARA VER

Uns tempos atrás me chamaram de São Tomé. Numa referência à minha suposta falta de fé. E eu refleti um pouco sobre isso. Sou mesmo um homem de pouca fé?

Sou filho de uma intelectual dos anos 60. Então era muito natural, na minha casa, o ateísmo. Ter a convicção – que, mais tarde eu vim a perceber, também é quase uma fé – de que deus, com "d" minúsculo mesmo, é uma criação dos homens, e não o contrário.

Ter fé, você sabe, é acreditar em alguma coisa cuja existência não tem a menor chance de ser provada. Ter fé é achar que provas não são necessárias, de que a capacidade de comprovação não é pré-requisito para o estabelecimento de uma certeza. Então é bastante provável que eu seja mesmo um homem de pouca fé. E que isso tenha sido uma decisão deliberada minha, fruto da forma como aprendi a ver o mundo.

Acreditar naquilo que só depende da validação da minha própria crença para existir sempre me soou como uma fraqueza de raciocínio, quase como uma debilidade intelectual. Ah, a arrogância dos ateus... A fé cega pode ser bastante intolerante. E a ausência absoluta de fé, o ateísmo convicto, também.

No entanto, algumas experiências na vida foram me mostrando que há mais nuances debaixo desse céu azul do que gostaria de crer a minha vã racionalidade. Nunca tive uma experiência mística, continuo bem distante do esoterismo e sou muito mais um crítico do que um simpatizante das religiões estabelecidas. E há momentos em que me defino mais como um agnóstico – alguém que admite a sua incapacidade de resolver essas questões, de dar respostas definitivas a elas, e acaba garantindo o benefício da dúvida a pontos como vida após a morte, existência de espíritos, divina providência etc.

No mundo dos negócios, entretanto, ter fé, acreditar no futuro, ter convicção numa ideia, num projeto, antes de qualquer comprovação prática, é um fator absolutamente decisivo.

Aí não se trata apenas de enxergar antes dos demais alguma coisa que não existe ainda, e que pode simplesmente jamais vir a existir, nem de acreditar nessa visão como se ela fosse tão concreta quanto um muro de tijolos.

Aí se trata da substância que separa os grandes empreendedores e os grandes executivos, visionários que mudam para sempre, e para melhor, o mundo dos negócios, daqueles que apenas fazem número e não enxergam um palmo à frente do nariz.

Aí se trata de perceber que o otimismo é sempre melhor do que o pessimismo, que acreditar cegamente é sempre melhor do que duvidar cegamente, que é muito melhor estar iludido por uma ideia falsa de sucesso do que estar iludido por uma ideia falsa de fracasso, que ser Polyanna é sempre melhor do que ser o Corvo de Poe.

Tudo isso é verdade. Por outro lado, há que se reconhecer a importância de sempre nadar um pouco na direção oposta da verdade professada por todos ao redor.

É preciso acreditar quando o horizonte está encoberto, quando o céu está escuro, quando a desesperança toma conta de todo mundo. É preciso acreditar quando ninguém mais acredita, quando as forças da inércia pregam empresas e pessoas no chão.

Da mesma forma, é preciso exercitar o ceticismo quando tudo é sol, quando o céu não tem uma só nuvem a poluir o seu imenso azul, quando a euforia deixa todo mundo com o sorriso trincado e o riso solto. É preciso desconfiar um pouquinho quando o clima é de oba-oba e quando todo mundo alavanca tudo que pode achando que o mundo é feito apenas de vitórias e que os ganhos estão garantidos.

Que o uso do bom senso e do receio que salva vidas seja sempre apenas uma ferramenta de responsabilidade, um exercício de inteligência – e nunca um gás de efeito paralisante. E que o uso do otimismo nunca seja uma ingenuidade pueril nem a fé cega que ignora o desfiladeiro.

Só acreditar não adianta. Só desconfiar também não. Isoladas, elas são duas faces da mesma miopia – uma gerada pela fé, a outra pelo ceticismo.

Sem medo não existe coragem

Cá entre nós: você sente medo de vez em quando? Ondas de cagaço e de insegurança ao olhar para o futuro, ao olhar em volta, ao olhar para você mesmo? Sente o coração apertar, a mente pesar, as mãos ficarem frias?

Cá entre nós: eu também.

Poderia declarar que isso é simplesmente humano – embora nenhum humano goste de admiti-lo, nem em público nem para si mesmo. Poderia alegar que medo do porvir é só a velha ansiedade antecipatória em ação. Também poderia dizer que o medo é um amigo (desde que você não se deixe paralisar por ele), uma sensação que tem o poder de livrar a sua cara de muitas frias.

Mas eis o que gostaria de dizer: sentir medo não é vergonha para ninguém. Só pode ser corajoso quem sente medo. Sem medo não existe coragem. Assim como não existe glória sem adversidade. Assim como não existe superação sem obstáculo. Por favor, não alimente seus medos. Mas também não tenha medo de senti-los. O medo é um convite a que você cresça, avance, pule da cama ou do sofá com sangue no olho e beba a vida como ela gosta de ser bebida – como um copo perfeito da bebida que você mais gosta.

Há não muito tempo estive diante de outro recomeço em minha vida. De mais uma troca de pele. Um momento bem propício a que os medos – os velhos e os novos – aflorem. Um momento de inevitável ansiedade. Em que as dúvidas e o sentimento de instabilidade aparecem com mais força.

Dessa feita, resolvi fazer valer os meus 40 e poucos anos. Decidi lidar com o medo de outro modo. Saiba disso: você sempre poderá escolher como reagir diante das situações. No meu caso, decidi que um novo começo devia ser também motivo de alegria, de frescor e de leveza.

Quem nunca sentiu aquela enorme sensação de alívio ao deixar um emprego ou um casamento – mesmo com todas as mortalhas que eventos assim costumam empurrar para cima da gente?

Um novo começo é também um momento de esperança, de pegar um cardápio novinho em folha para escolher qual será a próxima refeição. Essa riqueza de possibilidades e de oportunidades é uma brisa gostosa a lamber os cabelos da gente – que geralmente ignoramos.

Então a vida é boa. Então ela *pode* ser boa. A questão é conseguirmos sentir, genuinamente, dentro da gente, o frescor com que a vida nos brinda aqui e ali. Não é difícil. Mas é preciso querer que seja assim.

Sobretudo, é preciso romper com a ideia de que o sofrimento é a única saída, e de que a paúra e o vazio são companhias inevitáveis. Não são.

Tenha um porto seguro

Uma amiga nova, que fiz esses dias, me disse, num momento de crise, que na vida é preciso ter sempre um porto seguro. Ela é uma empreendedora agressiva, muitas vezes quase suicida, pelos riscos que assume, pelas cartadas enormes que dá.

Ela me disse que o contrapeso dos voos em que se lança é a certeza de que pode contar com um porto seguro. No caso dela, é a casa dos pais. Na visão dela, se tudo der errado, se perder absolutamente tudo (e ela já esteve mais de uma vez bem perto disso), ela sempre terá um teto e um prato de comida na casa dos seus pais. E isso é tudo de quanto ela precisa para se recuperar e começar de novo.

Eu achei isso lindo. E altamente inspirador. Quantas vezes não congelamos diante da preocupação com as condições que teremos de continuar pagando uma boa educação para nossos filhos no ano que vem, ou um plano de saúde no semestre que vem, ou um almoço fora no mês que vem?

Quantas vezes não murchamos diante da perspectiva de não gerarmos receitas correspondentes aos nossos gastos – e ao padrão de vida que desejamos dar a nossas famílias e a nós mesmos?

Quantas vezes não enxergamos o amanhã com negativismo, duvidando de nós mesmos e das possibilidades que estão ao nosso redor?

Pois essa receita que minha amiga me deu involuntariamente pode funcionar como um antídoto contra esse pessimismo. E contra o medo e a paralisia em nossas vidas.

Basta achar um porto seguro. Ou criar um. Onde possamos curar as escoriações e começar tudo de novo, em caso de tombo.

Mãos à obra. Sem medo da briga. Sem medo da vida. Cai dentro.

OCUPE-SE. E ENTÃO DEIXE DE SE PREOCUPAR

Ah, os budistas... Vem deles a sabedoria de buscar manter a mente sempre serena e centrada no presente. Sem deixá-la trancafiada no passado e sem também teletransportá-la ao futuro.

Isso me pega frontalmente. Porque dois dos meus hábitos mentais mais perversos são sentir saudade (viver no passado) e ficar ansioso em relação ao que está por vir (viver no futuro). Sofro um bocado com isso. "A imensa dor das coisas que passaram" (bela frase de Camões), de um lado, e o desgaste de antecipar eventos que talvez nem venham a acontecer, de outro.

Antecipar um problema significa sofrer duas vezes. Uma antes de o imbróglio existir de fato e outra depois que ele se apresenta de modo concreto. Poucas vezes antecipar-se ao problema impede que ele aconteça. Nessas raras situações, a preocupação consegue fazer algum certo sentido. E, quando isso acontece, a gente já se apressa em decretar: "Preciso me preocupar *mais* com tudo, para que nada dê errado."

Tatuamos na testa a frase de Andy Grove, ex-CEO da Intel, que se retirou da vida corporativa por conta de um câncer no final dos anos 90: "Só os paranoicos sobrevivem." E dá-lhe *double-checks*, em cima de *double-checks*, *follow-ups* trevisados, agendas cheias de *to-do lists*, uma vida cheia de tarefas a cumprir e a fiscalizar.

Na maioria das vezes, no entanto, a antecipação não é producente. A única coisa que ela produz de verdade são quantidades industriais de suco gástrico. Quando o problema que antecipamos não acontece de fato, ou acontece de outro jeito, com cores e formas diferentes daquelas com as quais nos ocupamos antes da hora, a antecipação expõe com toda clareza o seu caráter inócuo. Você sofreu de véspera com algo que sequer aconteceu.

Bom mesmo seria viver apenas o presente. Focar no momento. Um dia atrás do outro. Um dia de cada vez. No máximo, contemplar a semana. Resolver as coisas uma a uma. Com a atenção e a tranquilidade de quem faz bem-feito – e na hora certa. Remover os obstáculos somente quando eles existem de fato – e não como criações da nossa mente inquieta.

Na hora de comer, comer. Na hora de dormir, dormir. Na hora de brincar com os filhos, estar inteiro com eles. Na hora de trabalhar, dedicar-se com afinco e denodo. Na hora de curtir, ser 100% risadas. E ao namorar sua mulher, demonstrar a ela, de todas as formas possíveis, que, para você, naquele momento, não existe mais ninguém no mundo além dela.

Você sabe estabelecer prioridades?

Tem dois tipos de gente: quem vai direto ao ponto e quem começa sempre pelas beiradas. Quem é objetivo e se dedica a enfrentar o que realmente importa versus quem tende a trocar, viciosamente, o que é essencial pelo que é só espuma, o que é fundamental pelo que não faz diferença alguma.

De um lado, quem só vai na boa e só age no momento preciso. De outro, quem adora vir resolvendo todos os problemas do mundo, sempre dos cafundós em direção à capital, muitas vezes sem jamais chegar ao cerne da questão, se enredando invariavelmente em pontos secundários – as falsas prioridades.

O sujeito objetivo nutre grande respeito pelo seu tempo. Ao abrir a sua caixa de e-mails abarrotada, começa pelas mensagens mais prementes. Já o sujeito dispersivo prefere primeiro limpar o *junk mail* para só depois se dedicar ao que é relevante. Com isso, claro, gasta um tempo precioso demais com porcarias e inutilidades e joga para depois aquilo que de fato importa. (Há um aspecto controlador nesse comportamento. Nada pode ficar alheio ao olhar desse sujeito e à sua fiscalização mental. Esse é o cara que primeiro retorna os telefonemas menos importantes para depois "ter a cabeça limpa" para fazer as ligações fundamentais. Conhece alguém assim? Encontrou com ele ou com ela no espelho hoje de manhã? Bem-vindo ao meu time!)

Outro mau hábito de quem não consegue operar por prioridades é a sanha de querer resolver tudo. Nada pode ser desprezado. Todas as coisas, para ele ou para ela, têm pesos iguais. Todas as frentes têm que ser tocadas ao mesmo tempo, com doação equânime de atenção e energia. É o sujeito que, no limite, em sua sanha perfeccionista, considera que arrumar direito os lápis no pote é uma tarefa tão importante quanto entregar na data um projeto encomendado por seu diretor.

Priorizar significa escolher algumas coisas em detrimento de outras. E isso é coisa que muita gente não consegue fazer. Esse comportamento, que coloca o profissional agindo de trás para frente, numa anulação brutal da escala de importâncias, esconde um bocado de ansiedade.

O controlador é um ansioso que deseja abraçar tudo. Ele não consegue se dedicar a nada especificamente, não consegue focar em coisa alguma, porque todas as demandas, independentemente do tamanho, ficam piscando diante dos seus olhos, pedindo atenção, dia e noite, noite e dia.

Como vai a sua musculatura interior?

Fui almoçar com um velho mentor e ele me perguntou como iam as coisas. Isso já faz algum tempo e, naquele momento, fazia já algum tempo que nós não nos víamos.

Então lhe contei um pouco do que estava sentindo por aqueles dias. Eu passava por um momento de reconstrução. Enfrentava meus fantasmas mais íntimos, inseguranças que eu nem sabia que tinha. Contei a ele sobre minhas ansiedades em relação ao futuro, sobre como minha autoestima havia baixado a níveis assustadores, sobre as tantas vezes em que me revelei muito pouco amigo de mim mesmo.

Eu começava minha vida no empreendimento com bastante desconforto, fazendo uma descoberta importante: nada está garantido. Falei a ele do desaparecimento, para mim, da ilusão de segurança que a vida corporativa dá. E do impacto, na minha vida, de começar a enxergar a vida como ela é: solta, amorfa, fugaz, etérea, imprevisível, cheia de riscos. Falei também de como me escorei emocionalmente em minha mulher em vários momentos desse duro processo de troca de lentes, de ajustes e de adaptação.

Ele me olhou sem dó, como sempre. E sem me oferecer qualquer comiseração, numa conversa de homem para homem, me disse que era ótimo que eu pudesse contar com a minha mulher nesses momentos de fragilidade. Mas que eu não poderia contar com ela *sempre*. Entendi ali que ele dizia que aquilo não era justo com *ela*. Mas o que ele estava dizendo é que aquilo não era sustentável nem seguro para *mim*.

Então ele me falou da necessidade de desenvolvermos uma musculatura interior – citando a psicóloga Susan Andrews.

Musculatura interior, entendi assim, é ser forte por dentro. É desenvolver resiliência diante das intempéries da vida. É estar bem preparado emocionalmente, para lidar com os vendavais com que a vida nos brinda sempre, em maior ou menor medida.

Musculatura interior é resistir ao vento, é manter o curso e não ficar à deriva durante a tempestade. É estar bem fincado dentro de si mesmo. É estar preparado para lidar com as perdas, com os vales e picos da vida profissional – e da vida pessoal também.

Seus pais não estarão aqui para sempre. Sua mulher talvez não esteja aqui para sempre. Mesmo seus filhos, seu bem mais precioso, talvez não estejam aqui para sempre. Seus amigos, seus companheiros, seus confidentes, seus fãs, seus mentores. Ninguém pode garantir que eles estarão ao seu lado para sempre. A única companhia que você terá até o fim será a sua própria.

Então é preciso aprender a ficar de pé. É preciso se manter forte para poder se ajudar nos momentos mais difíceis. É preciso exercitar o espírito, de modo a construir uma musculatura interior.

A MANIA DE QUERER AGRADAR A TODO MUNDO

Um clichê: unanimidade não existe. Outro clichê: toda unanimidade é burra. (Essa segunda frase é de Nelson Rodrigues. Leia Nelson Rodrigues. Não me refiro aqui à dramaturgia, mas aos textos que ele publicou na imprensa, pérolas confessionais, que estão entre as melhores páginas da literatura brasileira.) Eis o fato: você nunca conseguirá agradar a todo mundo. Nutrir essa preocupação é o caminho mais curto para a frustração e para o sofrimento. É como secar gelo. (Ops, outro clichê.) Enfim, trata-se de um esforço inútil.

Claro que você não pode usar isso como argumento íntimo para mostrar uma banana para todo mundo ou para viver a vida com a tecla FDS travada no modo "on". É sempre bom olhar a si mesmo com os olhos dos outros, de vez em quando. Fazer um balanço periódico da sua visão versus a visão dos demais.

O que não dá é para eleger como objetivo supremo de vida ser amado por todo mundo. Primeiro, porque é impossível. Depois, porque isso é colocar a sua autoestima na mão dos outros. E não há risco maior. Há gente, os predadores emocionais, e eles não são poucos, que faz miséria se perceber que você lhes abriu essa porta.

Eu tenho historicamente essa mania de querer agradar. Nunca convivi bem com a desaprovação alheia, com a secura e aridez dos interlocutores. Demorei para perceber que a grande maioria dessas reações não estava sob meu controle. E caía como um marreco na armadilha daquelas pessoas que usam a chantagem emocional como ferramenta de controle.

Aí a gente fica à mercê da opinião alheia para ter um sorriso, para se sentir bem, para gozar da alegria de estar vivo. Alguém não lhe cumprimenta direito de manhã e o seu dia começa a azedar. Ninguém lhe convida para o almoço e você já se sente isolado. A ausência de elogio é sempre tomada como reprimenda, a neutralidade do interlocutor é sempre entendida como aspereza.

Isso tudo, como não poderia deixar de ser, funciona para o sujeito como um ferrolho – e tem um efeito terrivelmente paralisante. Muitas vezes, para fazer diferença, é preciso quebrar uma ou duas vidraças. É preciso correr o risco de desagradar, de ser impertinente, de questionar o equilíbrio estabelecido em nome de inventar o novo – ou simplesmente adotar uma conduta mais afeita a quem você é de fato. Muitas vezes, para escapar à mediana, para botar os cornos afora e acima da manada, é preciso encarar um par de caras feias. Temos que aprender a lidar com isso.

Para ir adiante, atrás de uma visão, de uma paixão, de um projeto, é preciso saber às vezes mandar todo mundo – inclusive você mesmo – tomar um belo suco de caju. Os grandes rompedores, na história do mundo dos negócios, os grandes visionários, os caras que realmente alteram a realidade e mudam o mundo para melhor, colocaram todo o seu foco e todas as suas energias nesse ponto: fé nas suas ideias, fé na sua própria capacidade e na sua convicção. Esses indivíduos, é claro, costumam ser odiados por muitos de seus pares e contemporâneos. Não raro, só adquirem o reconhecimento a partir da geração seguinte, quando não ameaçam mais ninguém. Para realizar será preciso aprender a lidar com isso.

Hoje tento fazer uma triagem mais equilibrada dos feedbacks que recebo. Jamais serei aquele cara que não dá a mínima para o que os outros vão pensar, vão dizer, para como as outras pessoas vão me enxergar. Faço, quase sempre, questão de oferecer às criaturas que convivem comigo a melhor experiência possível. Mas também já estou aprendendo a ser fiel a mim mesmo – mesmo correndo o risco de desagradar alguém.

E essa é uma sensação muito boa – e fundamental: depender menos da permissão dos outros para ser quem eu sou e para ser feliz.

Você já se sabotou hoje?

Tem uma música do Prince que diz assim: *Baby, you are just like my mother/She is never satisfied.* Quem teve uma mãe, ou um pai, assim, impossível de agradar, pode tanto ter aprendido desde cedo a conviver com as cobranças, sabendo a hora de mandar tudo às favas e seguir vivendo, quanto, ao contrário, pode ter adquirido o terrível vício de viver buscando a aprovação alheia.

Primeiro, uma migalha de afeto daquela mãe pétrea ou daquele pai férreo. Depois, ao longo da vida, uma réstia de estima dos amigos, das namoradas, dos colegas, dos chefes, dos subordinados. De todo mundo. No fundo, novas faces para aquele mesmo rosto materno, ou paterno, inalcançável, imperturbável, insaciável.

Esse vício de se pautar pelos outros é uma ferramenta de autodestruição. Entregar poder absoluto ao julgamento alheio é tomar uma baixa autoestima já de algum modo instalada na alma do sujeito e alimentá-la a pão de ló e filé mignon.

O sujeito perde a capacidade de se autoavaliar, perde a justa medida de quem de fato é. Ao deixar de se conhecer, você passa a dormir com um estranho. Pior: você passa a conviver com um detrator. Uma versão de você que não acredita em si mesmo, que só dá ouvidos aos outros, que não se respeita, que cospe no próprio rosto.

Ao duvidar de si, de quem você é, o passo seguinte é duvidar de quem você *foi*. Seu próprio passado passa a ser questionado. Sua história vira objeto de uma cruel e desabonadora revisão – conduzida por você mesmo. A realidade e a fantasia são misturadas numa sopa cujo tempero é sempre masoquista. Bons insumos são negligenciados, ingredientes ruins são adicionados.

O passo a seguir é apedrejar quem você ainda poderá ser. Aí é quando o sujeito, anulado no presente, passa a roubar de si não apenas o passado, seu patrimônio, como também o futuro, suas possibilidades vindouras.

O PODER NEFASTO DA BAIXA AUTOESTIMA

Ela faz você se apaixonar por um elogio barato – mesmo que ele seja dito por um idiota, por alguém que não vale nada, por alguém que não tem quaisquer condições de lhe acrescentar coisa alguma.

Ela faz você se engraçar com qualquer piscadela, mesmo quando ela vem de um predador, de um aproveitador, de alguém que só quer tirar vantagem de você.

Ela faz você se sentir atraído por gente que não lhe provoca positivamente, que não lhe desafia – porque, para quem não acredita muito em si mesmo, o caminho mais curto, se não o único, para se sentir grande é se cercando de anões.

Ela afasta você das pessoas que poderiam lhe fazer crescer, com quem você poderia aprender alguma coisa. Porque, perto delas, você se sente humilhado e diminuído. (Não confundir baixa autoestima com modéstia ou humildade. Um ego pode inchar por meio do autoflagelo, e se tornar um centro gravitacional de energias negativas – um buraco negro sugando toda a matéria que compõe o seu universo. É perfeitamente possível que uma pessoa, nessas condições, compita com aqueles que mais admira, e os repele, ao invés de absorver deles o que eles têm de melhor, para seu próprio benefício. Em vez de se sentir atraído pela luz que reconhece nos outros, essa pessoa a rechaça, porque a luz não advém *dela* – e, assim, abraça a escuridão.)

Se esse for o seu caso, mude. Se não conseguir mudar, ao menos não repasse essa armadilha para a geração seguinte. Elogie muito sua filha e seu filho hoje. E amanhã. Faça com que ela ou ele se sinta amado e querido. Muito melhor criar um ego inflado, que o mundo encarregará de recalibrar, do que criar alguém que não se dá valor e que viverá a vida inteira se cercando das pessoas erradas e se trocando por migalhas emboloradas.

Você se droga?

Ah, os humores… Tem dia que a gente acorda com uma dor indefinível no peito. Angústia. Cansaço. Vontade de desistir. Quem nunca saiu da cama com vontade de dar um tempo, de trocar de país ou de carreira ou de vida?

Isso é comum entre os executivos e entre os empresários. Ou entre quaisquer pessoas que costumem colocar o mundo sobre os ombros. (E que, quando não o fazem, têm sempre quem os lembre de que seus ombros só encontram sua razão de existir com duas toneladas por cima.) Trata-se, em alguma medida, de um traço inerente ao ser humano. Sonhar é bom – mas gera ansiedade. Realizar é ótimo – mas gera fadiga.

Um dia um amigo me perguntou: você não toma nada? Quase num sussurro, como num segredinho compartilhado à surdina e jamais admitido em voz alta. Eu lhe disse que não. Minha barra, que às vezes fica bem pesada, eu seguro sozinho. Como posso. Nem que seja tropeçando e perdendo pedaços. Mas sendo eu mesmo. Com minhas virtudes e meus defeitos, com minhas euforias e meus fantasmas. Sem auxílios químicos – que me levem para passear e que depois me devolvam exatamente ao ponto de dificuldade em que eu estava, ou ainda mais atrás.

Sempre disse não às pílulas para dormir e para acordar. E aos relaxantes e estimulantes. E às substâncias que prometem a felicidade instantânea e que cobram um preço caríssimo: você deixa de sentir fome ou de sentir saciedade sem elas. Você deixa de conseguir sorrir ou de conseguir se concentrar sem elas. Você vira um escravo.

Já tem tanto carrasco lá fora, ao nosso redor. Por que colocar mais um dentro de você?

Por que desconfio tanto dos psiquiatras

A moça que trabalha em minha casa passou por um momento difícil em sua vida. Tinha 23 anos e dois filhos – um de 6 e outro de 2. Ou seja, foi mãe pela primeira vez aos 17. Seu marido havia um ano que ajudava pouco ou nada em casa. Desde que tinha parado de trabalhar – sua profissão era realizar biscates como eletricista e encanador – e foi diagnosticado com síndrome do pânico.

Ele começou a tomar remédio, por orientação do psiquiatra a que foi conduzido quando resolveu consultar um Posto de Saúde. Um psicoativo – droga com ação no sistema nervoso central. Ao invés de superar o sofrimento, o rapaz chafurdou nele ainda mais. Tem sido desde então cada vez mais um cara perdido dentro de si. (Alguns meses depois de começar o tratamento, ele pegou o carro da família e sumiu sem dizer palavra. Muitos dias depois, quando já era dado como desaparecido, ou talvez morto, apareceu em casa como se tivesse ido à esquina comprar pão. Tinha ido visitar a família na Bahia, dirigindo sozinho.)

A moça tem baixa instrução, é mão de obra barata, se ocupa de um trabalho mal pago e sem futuro. A falta de educação, que ela não está batalhando para superar, já lhe excluiu das melhores oportunidades, aos 23 anos, quando a vida costuma recém-começar a se abrir para a maioria das pessoas de classe média. Ela já é, nesse sentido, um ser tolhido. De perspectivas baixas. A maternidade precoce não lhe ajudou nem um pouco a reverter esse quadro – ao contrário.

E agora, tendo recém-deixado de ser adolescente, virou o arrimo da família, com um salário de doméstica. Ao lado disso, ela é bombardeada todo dia, na TV, na publicidade, dentro da minha casa, no shopping onde talvez vá comer um McDonald's de vez em quando, enfim, em todo lugar, com um mundo maravilhoso, dourado, tenro, tépido, crocante, de ofertas que ela nunca vai poder usufruir.

Seu imaginário, suas aspirações de sucesso e de consumo se pautam pelas mesmas tentações que formam o *meu* arcabouço de desejos. Suas condições de realizar essas vontades simplesmente não existem. Não deve ser fácil viver assim. O nível de frustração deve ser altíssimo. A desesperança, o desânimo diante da existência e do mundo em geral.

Afora isso, simplesmente não é fácil viver. Para nenhum de nós. Nada está garantido. Tudo está em movimento. A única certeza que temos é de que vamos morrer – e não sabemos nem quando. O que também não auxilia o sol a brilhar sobre nossa cabeça a cada novo dia. É difícil lidar com isso. E com nossas incertezas, expectativas, inseguranças, dificuldades de relacionamento e de autoconhecimento. A vida é cheia de perdas, de sofrimentos, de dúvidas, de enfrentamentos, de derrotas, de acareações com nossas próprias limitações. Enfim: existir não é bolinho.

Como era de se esperar, a menina também fundiu. Quebrou. Crise braba de ansiedade. Foi parar no mesmo Posto de Saúde. Onde foi igualmente conduzida ao psiquiatra. "Eles não oferecem um psicólogo para a gente", ela me disse. O psiquiatra de plantão – talvez o mesmo do seu marido, de quem ninguém lembrava mais, e a cuja situação portanto ninguém conectou o caso dela – não conversou com ela, não quis saber por que ela estava se sentindo angustiada, não perguntou os detalhes da sua crise de ansiedade, não quis saber quem ela era ou de onde vinha aquele pânico todo.

Restringiu-se a contabilizar os sintomas. E disparou a receita. Em cinco minutos, ela saía dali em direção à farmácia. O médico lhe disse: "Com isso, você vai se sentir melhor." Imagino-a caminhando de volta para casa tão atordoada e perdida e desesperada como quando entrou. Talvez ainda mais – porque já tinha sido "atendida". A quem pedir ajuda depois que você já recebeu "ajuda"? Em seguida trocou aquela prescrição despachada às pressas por uma caixa de Olcadil.

Fui olhar que comprimido era esse que a aliviaria do peso dos filhos carentes e de um marido moribundo e de um futuro sem esperança e do mundo inteiro lhe caindo sobre os ombros tão jovens e tão mal preparados? Que medicamento mágico era esse que a redimiria do medo (ou da certeza) de uma vida ingrata e infeliz?

Como o Olcadil, que eu não conhecia, há dezenas. Todos psicoativos. Todos com atuação direta no sistema nervoso central. Ou seja: todos bulem quimicamente no cerne da pessoa, escarafuncham molecularmente o centro daquilo que o sujeito é.

As indicações da droga Clozaxolam, princípio ativo do Olcadil, são "os distúrbios emocionais, especialmente ansiedade, medo, fobias, inquietude, astenia e sintomas depressivos;

distúrbios comportamentais, especialmente má adaptação social; distúrbios do sono, tais como dificuldade em dormir ou sono interrompido e despertar precoce; sintomas somáticos, funcionais de origem psicogênica, sentimentos de opressão e certos tipos de dores".

As principais reações adversas do Olcadil, ou da Clozaxolam: "Sonolência, Descoordenação motora, Alterações gastrointestinais, Diarreia, Vômitos, Alterações do apetite, Alterações visuais, Irregularidades cardiovasculares, Alteração da memória, Confusão, Depressão e Vertigem." Ah, sim: "O seu uso prolongado pode causar dependência e síndrome de abstinência quando a medicação é interrompida."

É sensacional que haja drogas, nos dias de hoje, depois de *O Estranho no Ninho*, depois de *Garota Interrompida*, depois das histórias de horror vividas pelo jovem Paulo Coelho na Casa de Saúde Dr. Eiras (um conluio dos seus pais com um médico que resultou em choques elétricos e num longo confinamento químico imposto ao futuro escritor), enfim, é incrível que depois de tantas evidências e denúncias na vida e na arte, acerca dos abusos da medicina sendo exercida como jugo, como controle total, como ditadura do poder instituído, ainda haja drogas prescritas "especialmente" para "má adaptação social". (Que ao menos os desajustados possam escolher suas próprias drogas!)

Isso explicita bem o que os psiquiatras fazem: transformam tudo em doença. Se para a psicanálise tudo é "complexo", para a psiquiatria tudo é "síndrome", qualquer coisa é um "transtorno" que precisa ser tratado sumariamente com patadas psicoativas.

A dor psíquica sempre tem consequências físicas. Tudo que nos cerca nos afeta. Tudo que sentimos e experimentamos pelos sentidos nos modifica no nível metabólico. Então se lidamos mal com as expectativas que temos a nosso próprio respeito, com a necessidade de termos controle sobre tudo ao nosso redor ou com o modo como administramos nosso tempo, isso mexe com enzimas que mexem conosco, fisicamente.

Não há um tipo de ansiedade que possa ser tratada pelo psicólogo, por não ser física, e outra que só possa ser tratada por psiquiatras, à base de tarjas pretas, por ter rompido a barreira da consequência física. Toda ansiedade é comportamental. E todo comportamento se imprime em nós no plano físico, nos marca corporalmente, em descargas na corrente sanguínea desta ou daquela substância produzida naturalmente pelo corpo.

Perceba que o contrário disso não é verdade. Ingerir uma substância sintética ansiolítica não vai resolver as causas da sua ansiedade, que são sempre externas e sempre ligadas a algum mau hábito da sua mente em lidar com esses estímulos. Ingerir uma substância antidepressiva não vai resolver as causas da sua depressão, que são sempre externas e sempre conectadas a algum comportamento seu no qual é preciso mexer.

Aliás, aqui vale uma palavra sobre depressão, que também não vem em duas embalagens, uma "mental", a ser tratada em terapia, com papo, e outra "física", a ser tratada no consultório médico, com pílulas de felicidade. A depressão, na maioria dos casos, se não na totalidade das vezes, é uma reação do corpo à ansiedade. Dos píncaros da ansiedade, o sujeito cai ao vale da depressão.

Aos olhos da psiquiatria, apoiada pela indústria farmacêutica, no entanto, a depressão é mais uma "doença" a ser tratada. Tanto quanto a ansiedade. (É que sem doença não precisamos de médicos nem de remédios, certo?) O sujeito é rotulado como "maníaco-depressivo", ou portador de "transtorno bipolar", e dê-lhe drogas a um organismo que já está saturado de descargas naturais de calmantes e excitantes produzidos pelo próprio corpo – não em decorrência de um mau funcionamento físico nem por uma "moléstia" estrutural, mas por uma questão comportamental, conjuntural, por uma má administração do sujeito diante de algum aspecto da vida.

Não raro, receita-se um euforizante para um quadro de depressão de um sujeito que está deprimido exatamente porque estava até há pouco eufórico (ou ansioso) demais... O ciclo químico, de altos e baixos, com essa intervenção medicamentosa, nunca termina. E ao longo de todo esse processo jamais se ataca a verdadeira raiz do problema: o funcionamento do paciente, seus hábitos, as situações de vida e de mundo em que ele se meteu, como ele lida com esses eventos, e a criação de condições pessoais para que ele possa sair dessas armadilhas e voltar a viver sem dor – ou com menos dor.

Esse jeito de lidar com o sofrimento mental é especialmente cruel com os mais pobres, que só têm o SUS – o Sistema Único de Saúde – para procurar quando sentem dor, seja ela física ou psíquica. Eles não têm ninguém mais a quem recorrer. E os psiquiatras de plantão, que não raro são premiados pela indústria farmacêutica pelo giro que promovem de suas drogas psicoativas, não cansam de metralhar Lexotan e Lorax para quem está ansioso. (Quanto menos aprendermos a lidar com a ansiedade de verdade, mais remédios serão vendidos, certo?) Ou então Rivotril e Prozac para quem está deprimido. (A tristeza é um mau funcionamento afetivo, quando não uma paixão humana à qual nos devotamos, às vezes com denodo. São emoções corrosivas que precisamos enfrentar de olhos bem abertos, e não com olhos chapados de barbitúricos.)

Essa prática dos psiquiatras, de transformar tudo em doença, conta com a conivência dos pacientes, que consideram mais aceitável, inclusive socialmente, se apresentar como um "doente" do que como portador de um sofrimento causado por uma questão comportamental com a qual não estão conseguindo lidar.

Não é à toa que seja assim. Há um enorme preconceito social com esse tipo de sofrimento psicológico – como se estar triste ou angustiado fosse apenas uma fraqueza pessoal, um problema de caráter, falta de vontade ou de vergonha na cara daquele indivíduo. Então a aquiescência é geral para transformarmos a ansiedade e a depressão em "doenças". O paciente fica mais bem resguardado atrás de uma bula. Perde menos o respeito dos outros. "Se fulano está tomando remédio, se está se tratando com um médico de verdade, em vez de estar fazendo terapia com psicólogo, então é sério, não é frescura, não é culpa dele." Esse parece ser o pensamento médio hegemônico. Que inclusive deve estar na base da decisão do SUS de encaminhar gente com dor psíquica para a psiquiatria e não para a psicologia.

E há um ponto adicional que não podemos desconsiderar nessa análise: as drogas, de modo geral, imobilizam o sujeito na sua situação atual. Não apenas ao estigmatizá-lo como um "doente" que sofre de uma determinada "doença", mas por aprisioná-lo quimicamente num determinado território – seja o da melancolia ou o da agonia – do qual o sujeito precisaria sair, se mover, superar, resolver.

Só que esse é o movimento mais difícil de fazer: mudar um hábito. É mais fácil e cômodo, inclusive para o indivíduo que sofre, se colocar como vítima de uma moléstia, meter um comprimido para dentro e ir dormir em frente à TV. Mas sem mudar seu funcionamento, sem compreender de fato a causa da sua dor, sem encaminhar uma solução concreta para si mesmo o sujeito não sairá do lugar. Acordará do efeito da droga exatamente onde estava antes. E precisará de novo do remédio. O que, diga-se, garante a eternização do mercado para os psiquiatras e para a indústria farmacêutica.

fica mais bem resguardado atrás de uma bula. Perde menos o respeito dos outros. "Se fulano está tomando remédio, se está se tratando com um médico de verdade, em vez de estar fazendo terapia com psicólogo, então é sério, não é frescura, não é culpa dele." Esse parece ser o pensamento médio hegemônico. Que inclusive deve estar na base da decisão do SUS de encaminhar gente com dor psíquica para a psiquiatria e não para a psicologia.

E há um ponto adicional que não podemos desconsiderar nessa análise: as drogas, de modo geral, imobilizam o sujeito na sua situação atual. Não apenas ao estigmatizá-lo como um "doente" que sofre de uma determinada "doença", mas por aprisioná-lo quimicamente num determinado território – seja o da melancolia ou o da agonia – do qual o sujeito precisaria sair, se mover, superar, resolver.

Só que esse é o movimento mais difícil de fazer: mudar um hábito. É mais fácil e cômodo, inclusive para o indivíduo que sofre, se colocar como vítima de uma moléstia, meter um comprimido para dentro e ir dormir em frente à TV. Mas sem mudar seu funcionamento, sem compreender de fato a causa da sua dor, sem encaminhar uma solução concreta para si mesmo o sujeito não sairá do lugar. Acordará do efeito da droga exatamente onde estava antes. E precisará de novo do remédio. O que, diga-se, garante a eternização do mercado para os psiquiatras e para a indústria farmacêutica.

Febre, frio, suar frio ou sintomas de gripe, Amarelamento da pele ou dos olhos, Fezes pretas, escuras."

Note. Um antidepressivo tão maravilhoso que causa "possível comportamento suicida". Na minha humilde opinião, acho que isso ultrapassa a fronteira da irresponsabilidade para médicos, para a indústria farmacêutica e também para as autoridades de saúde pública encarregadas de controlar os medicamentos no país – somos os campeões mundiais em consumo de tarjas pretas.

Eu jamais permitiria que uma droga assim fosse ministrada a um filho meu. A menos, é claro, que eu estivesse lavando minhas mãos, desistindo dele e desejando que o anestesiassem e silenciassem aquele ruído em minha vida de uma vez por todas – e a qualquer preço.

E você?

Receita para o próximo fim de semana

Pare por um momento de pensar em trabalho. Não pense em dinheiro, não pense em negócios, não pense no faturamento, não pense na troca de emprego.

Não pense no aumento que você tem que negar ou pedir, nem na meta que não deu para bater, nem naquilo que ficou engasgado na última reunião, nem naquela groselha que você teve que ouvir – e engolir – do seu chefe.

Não pense nas contas a pagar ou receber, nem na empresa que você sonha abrir, nem naquele empreendimento do qual você deseja se livrar.

Não pense na proposta de emprego que não veio, nem na promoção que nunca vem, nem no fato de que terá de demitir metade do seu time até o fim do ano, nem no fato de que poderá ser demitido até o final do ano, nem no tempo assustadoramente curto que lhe separa da sua aposentadoria – e em tudo que você tem medo de não conseguir realizar até lá.

Tome um tempo para viajar. Seja pegando a estrada ou um avião. Seja ficando em casa e assistindo a um filme que você adora – ou que ainda não teve tempo de ver.

Dê um tempo a si mesmo. Permita-se ser feliz sem as cascas, as personas, as imposturas, as máscaras que você arregimentou vida afora. Ao largar uma semana, na sexta, saiba que a outra estará à sua espera, de prontidão, na segunda. Então relaxe. Não se adiante. Curta o descanso. Seja indulgente consigo mesmo. Construa bons momentos – sozinho ou em família. Escute só as canções de que você gosta. Separe um bom livro – e deixe-se mergulhar nele com calma.

Durma bem. Há quanto tempo você não dorme em paz? Durma o quanto quiser, na hora em que quiser. Coma bem, beba bem, trate-se bem. Tenha bom sexo. Lembra como é "fazer amor"? Aproveite bem.

Tenha, enfim, um ótimo encontro consigo mesmo. Esse tempo é seu. Não o negocie barato, não o troque por pouca coisa. Inclusive porque ninguém sabe, nem eu nem você, quanto tempo teremos pela frente. Então desfrute. Foque nisso. E em mais nada.

Rascunho para uma vida mais feliz

Tenha um trabalho do qual você goste. É preciso ter um bom motivo para sair de casa.

Tenha um amor. É preciso ter um bom motivo para *voltar* para casa.

Trabalhe apaixonadamente. Com propósito, por uma causa. O dinheiro sempre vem. Então não o coloque como o primeiro fator de escolha. Aliás, não o coloque como protagonista de nada. Se o dinheiro é o novo Deus, tenha a clareza santa de se declarar ateu – pois essa é a seita mais estúpida que há.

Ganhe a vida de modo honesto. Cultive a decência. Não se deixe ficar em posições indefensáveis. É preciso poder contar para o seu filho ou para sua mãe o que você faz, sem ter de maquiar nada. É preciso poder dormir tranquilo. Mantenha sua inocência incólume e sua ingenuidade viva. Elas são motivo de orgulho e não de vergonha.

Não se permita ficar em posições indignas. Respeite a dignidade – a dos outros, mas principalmente a sua. Respeite-se, seja seu melhor amigo. Mas não a ponto de ficar autoindulgente e de mentir para si mesmo.

Tenha uma família, se esse for seu caminho. Filhos dão um enorme sentido à vida. E ajudam você a sair de dentro do seu próprio umbigo. Filhos tiram da sua frente aquele espelho que atrapalha um pouco sua visão das coisas. Filhos lhe proporcionam experimentar sentir por alguém um amor maior do que aquele que você sente por si mesmo.

Pratique um esporte do qual você goste. Não precisa ser de modo intenso – mas tenha regularidade. Exercícios fazem bem para a autoestima. Para a saúde do corpo – e também da cabeça.

Não perca tempo com bobagens. Mas invista tempo naquilo que lhe é fundamental. Acelere nas coisas que lhe interessam.

Diga sempre o que tem que ser dito. Mas diga, sempre, do jeito certo.

Cultive o equilíbrio. Quase sempre o caminho do meio é o melhor caminho. Mas não esqueça de chacoalhar o racionalismo e de enlouquecer de vez em quando. De cara. De boa. E na boa.

Seja generoso. É muito melhor viver no crédito do que viver na dívida na relação com os outros.

Seja bom. Ser bom é coisa grande. E é para poucos. No fundo, essa é a única reputação que realmente conta.

4 SOBRE SENTIR SAUDADE

A GRANDE DOR DAS COISAS QUE NÃO VOLTAM MAIS

Eu tenho uma turma de amigos muito especial, diferente de qualquer coisa que já tenha visto acontecer por aí. Não convivemos mais há décadas, desde que tínhamos 15 anos. Mas a cada cinco anos nos encontramos para a Festa – uma grande balada em Santa Maria, a cidade em que fomos adolescentes juntos, quando nos cruzamos na vida. Éramos os donos da cidade e do mundo, o futuro era nosso e uma conexão mágica, meio com jeito de filme de Hollywood, se estabeleceu entre nós, para não desaparecer jamais.

(Pense num filme *teen* dos anos 80, com espírito eufórico, como *Curtindo a Vida Adoidado*. Ou então, hoje, numa comédia romântica com gente de meia-idade se reencontrando depois de muitos anos, em que tudo dá certo, em que a emoção aflora, em que você sai do cinema leve e enlevado.)

Estabelecemos o ano de 1986 como marco para contar o tempo dessa amizade coletiva. Acho que fui eu mesmo que criei essa marcação, quase sem querer (referência explícita à Legião, a banda-mor da nossa época), num texto nostálgico que escrevi e enviei por carta para uma dúzia ou mais de amigos da Turma (outro meme que eu sublinhei nessa carta e que acabou pegando), ainda no finzinho dos anos 80. O epicentro da Turma era um colégio de segundo grau, como se dizia à época – o Cilon Rosa. E a Turma compreendeu gente que transitou por lá mais ou menos entre 1984 e 1990.

Eu fui uns dos primeiros a sair de Santa Maria para encarar a vida, ainda aos 17. Era o início de 1988 e eu me mudava para Porto Alegre para começar na Faculdade de Comunicação da UFRGS.

Foi um tempo bastante duro, me ambientando na cidade nova e morrendo de vontade de voltar para a minha pasárgada, para a minha gente, que ainda estava por lá. Aprendia ali, pela primeira vez, quem sabe, que não há volta possível. Que só se vive para a frente. E que não é possível ser Ferris Bueller para sempre.

Em breve, quase todos os amigos também zarpariam dali, em diáspora, para cair na vida, para ganhar mundo, uma diáspora que ainda não acabou e que não vai acabar nunca. A gente está sempre em movimento. As pessoas que você ama também. Você já não é o mesmo de ontem, e muito menos o mesmo da semana passada. E elas também não. Somos todos pontos em movimento. Nos cruzamos por determinado tempo. E depois nos afastamos para sempre. Quando porventura voltamos a nos aproximar, antes de nos afastarmos de novo, já somos outras pessoas.

Talvez a graça do reencontro, por tudo isso, deva ser mesmo redescobrir, reinventar, renovar – e trazer a relação sempre para o presente. Em vez de tentar recuperar, resgatar, desenterrar – como se pudéssemos dar as mãos e voltar ao passado. Isso não é saudável. Vira um exercício de sofrimento – porque o passado não existe mais.

O maluco é que não somos uma turma de formatura. Não éramos todos colegas em uma mesma sala ou série. Não pertencíamos sequer a um único colégio – embora a gente dê ao nome da Turma o complemento "do Cilon", em que a maioria de nós estudava, a Turma sempre foi, antes que tudo, um ajuntamento geracional.

Éramos a Turma da cidade numa determinada época, com gente de outras escolas também. Uma horda resplandecente, gerada por combustão espontânea, meio por acaso, de modo orgânico e invencível, na piscina do clube, nos salões dos bailes de debutantes, nos catálogos de brotos, nas festinhas de garagem.

A gente viveu o auge do rock nacional (o que nos empurrou ainda mais na direção desse sentimento de geração e de pertencimento ao grupo). Nos encontrávamos todo dia, e em várias noites, e todo fim de semana, e em inúmeras junções, saraus, matinês, audições, mingaus, praias, jantares, tertúlias, baladas, excursões e chocolates quentes com pipoca.

Éramos mais de 40. As melhores festas começavam quando chegávamos – e terminavam quando íamos embora. Éramos charmosos, os donos do pedaço – e sabíamos disso. Ou ao menos era assim que nos víamos. Andávamos sempre juntos – beijando na boca, perdidamente apaixonados, terrivelmente descornados, brigando, reatando, paquerando, selando amizades para a vida toda, desvendando o sexo juntos, descobrindo o amor, tendo filhos precocemente, experimentando as primeiras drogas, formando casais que estão juntos até hoje, sofrendo juntos as dores das primeiras experiências de morte, desabrochando juntos para a vida, marchando juntos por aquela ponte trepidante que leva da puberdade à vida adulta.

A primeira festa de reencontro da Turma foi em 1996. Comemorávamos os nossos dez anos. Numa festa relativamente pequena, na casa de um dos nossos amigos queridos – onde costumávamos fazer alguns de nossos programas juvenis dez anos antes. Tínhamos ali mais ou menos 25 anos e estávamos em começo de carreira, na batalha, recém-formados ou formandos. Eu enviei uma fita VHS do Japão, onde cursava meu MBA, com um depoimento para a Festa. (A gente grafa com F maiúsculo.) Uma amiga querida mandou uma fita K7, de Aracaju, onde começava sua trajetória profissional, com uma mensagem ouvida por todo mundo. Foi bacana. E vimos que era bom.

Em 2001 nos encontramos de novo – 15 anos de Turma. Estávamos todos virando a casa dos 30. E já deslanchando na vida. Alugamos um lugar. Com DJ, salão decorado, cerveja gelada – e até champanhe, para quem se dispusesse. E todos os caminhos possíveis, por via aérea ou terrestre, de carro ou de ônibus, nos conduziram às dezenas para Santa Maria. Éramos uns 60 convivas. Todo mundo ainda jovem, subindo a ladeira profissional. Todo mundo feliz por estar junto. E por constatar o quanto ainda estava vivo, entre nós, aquilo que nos unia.

Em 2006, eu tinha 35. E éramos mais de 80. Eu tinha acabado de virar pai. E, ao contrário de 2001, viajei sem minha mulher para comemorar os 20 anos da Turma. Então mergulhei no meu próprio passado sem nenhum fio que pudesse me prender à vida atual. Mergulhei fundo no sonho, nas lembranças mitificadas, edulcoradas, editadas daquela que foi uma das mais doces épocas de minha vida.

Dançávamos as músicas da época, víamos tudo com lentes que nos permitiam recuperar as visões que tínhamos 20 anos antes. Durante alguns minutos, voltei a ser aquele menino de 1986. E foi muito duro voltar da fantasia à realidade. O tempo ali dentro daquele salão era outro. Tínhamos passado uma madrugada em delírio, noutra dimensão, num limbo de tempo e espaço, no deslumbramento de poder voltar a ter 15 anos. O retorno à superfície foi difícil.

Aquela experiência significava reviver por algumas horas a juventude perdida. E saborear emoções já vividas, mesclando-as com sentimentos novos. Significava encarar um turbilhão de sensações, mexer com sentimentos antigos, reabrir algumas gavetas há muito tempo fechadas, algumas mal arrumadas, e então tentar brincar com isso tudo sem se machucar.

Para logo em seguida, tão logo o sol raiasse, perder tudo de novo, ver todo mundo sumindo na curva, indo embora, cada um para um lado, cada um na sua estrada, voltando a ser quase um estranho, todo mundo disperso mundo afora outra vez.

A ressaca emocional daquela viagem no tempo, e dentro de mim mesmo, e das minhas emoções mais fundantes, e das minhas lembranças adolescentes, nem todas elas bem resolvidas, foi terrível. Doeu me despedir outra vez daquelas pessoas. Me separar dos meus amigos queridos outra vez. Dor de perda.

Eu me despedia ali também de mim mesmo, em certo sentido. Eu havia voltado por um instante a ter todas as possibilidades do mundo – e então voltava a ser apenas aquilo que havia escolhido ser. Aquela situação nos convidava a ver tudo que poderíamos ter sido e não fomos – porque decidimos nos tornar outra coisa, apenas um projeto, entre tantos que havíamos sonhado.

Aquela situação nos deixava ver que estávamos passando rapidamente pela vida, ficando velhos. Então brotava ali uma saudade não apenas do que fomos – mas também do que nunca chegamos a ser, dos caminhos que não puderam ser trilhados. Uma parte de mim morria ali. Outra vez. Sem apelação. E a própria Festa, que celebrava uma lembrança maravilhosa, virava imediatamente outra recordação inesquecível a latejar no peito.

Eis o que é a nostalgia: um veneno quente que transforma eventos alegres em memórias tristes.

À medida que ia me recuperando daquele chacoalhão, que me assustava pelo seu poder de mexer comigo, me debrucei a refletir sobre aquele aperto no peito, sobre aquele nó na garganta, sobre os mecanismos que haviam gerado em mim aquele tsunami. Me dediquei a tentar entender aquela *saudade*. A gênese e o alcance da nostalgia. As raízes e o funcionamento da melancolia. As razões e os efeitos do apego ao passado, dessa enorme tristeza ligada à contemplação do que já passou. E escrevi sobre isso.

    Joguei o holofote e o microscópio sobre o gene macambúzio que existe em mim. Dois anos mais tarde, no começo de 2008, dei o texto por encerrado. (Nunca um ensaio me tomou tanto tempo para nascer. Eu evitava o texto – porque ele me impunha uma reflexão dolorosa.) O que segue aqui é o que consegui extrair de mim, a partir do que senti na esteira da Festa de 20 anos, em 2006.

Na sequência, depois dessa reflexão sobre 2006, você lerá os textos que escrevi movido pelo banzo, ou pela DPF (depressão pós-Festa), como batizamos, nas edições de 2011 (25 anos) e de 2015 (antecipação dos 30 anos) da Festa. Deixei de propósito algumas ideias que se repetem entre os textos – porque considerei essa repetição significativa, e porque essas ideias reforçam pontos essenciais dessa pensata sobre o sentimento nostálgico.

Sou nostálgico desde que me lembro. Tenho há muito tempo esse hábito de cultuar o passado. Com 9 anos chorei de saudade do ano em que tinha 7. Foi minha primeira crise de nostalgia. Percebo agora, e somente agora, que o objeto daquela saudade precoce coincide com o último ano em que meus pais viveram sob o mesmo teto. Não lembro daquela saudade ter sido especificamente de ver meus pais juntos ou de enxergar a gente como uma família tradicional. Mas vai saber.

Desde aquela época é assim: tudo o que passa me dói. Uma dor funda, cálida, quase gostosa de sentir. Mas que tira o ar também. Minha saudade não emerge apenas dos momentos bons. Qualquer passagem que tenha marcado minha trajetória, e que viva em mim como lembrança, tem o potencial de gerar um sofrimento nostálgico. Mesmo momentos ruins.

Há coisas como uma música, um cheiro, um filme ou um paladar que podem me arrastar para bem longe. Ou então coisas que não existem mais, exceto como registro afetivo: a memória de uma pessoa que se foi, a lembrança de alguma coisa que eu tive, ou de um jeito de ver o mundo que foi meu um dia, ou do frescor perdido de um amigo que envelheceu. Sofro por não ter mais esses momentos, por eles terem se *perdido* no passado. Sofro por não poder mais vivê-los, por tê-los deixado para trás, por ter me apartado deles no tempo.

A dor da saudade é um evento físico. Um sofrimento pontiagudo que arrocha o peito, fecha a garganta e impõe uma bruta vontade de chorar. A dor da saudade é solitária, é uma implosão lenta – não é possível pedir socorro nem contar com ajuda externa. Ela acontece na sua relação com as suas memórias. Então só você mesmo pode se salvar. A saudade traz em si um outro escárnio: não há remédio para ela. E lamentar não adianta: não é possível voltar no tempo. Ponto. A saudade é um desejo que, quanto mais fundo, mais impossível é de realizar. É um jeito que o tempo tem de nos dizer que ele é uma via de mão única e que as perdas que ele decreta são irreversíveis.

E a saudade não é exatamente um desejo de voltar. A nostalgia não resulta de uma sensação de que a vida era melhor antes. A saudade, portanto, não é uma tentativa simples de instaurar o passado em detrimento do presente. A nostalgia é, antes, um jeito de tentar se agarrar em alguma coisa que suavize a queda livre, a passagem do tempo, a aproximação do fim. Saudade é luto do que se foi – não importa o quão melhor estejamos hoje.

Às vezes sinto nostalgia do que estou vivendo no presente. Projeto a saudade que vou sentir amanhã do que está acontecendo agora. E já começo a sofrer. Não quero ser o último a morrer porque não suportaria o peso de tantas lembranças boas, e a dor funda da falta das pessoas que amo. Sim, minha capacidade melancólica chega a esse ponto. Ao menos, ela me impele a tentar viver ao máximo o presente. Porque a pior saudade é das coisas que você não viveu. A pior nostalgia é das coisas que você não fez. Aí o sentimento de impotência cresce e a sensação de que não é possível voltar fica mais insuportável.

Admiro as pessoas que esquecem. Que não se apegam às coisas, gentes e épocas com que cruzam pela vida. Elas não sentem saudade. Vivem o presente. E não compreendem a nostalgia. Às vezes eu gostaria de esquecer com mais facilidade. De me apegar menos ao que passou, de carregar com mais leveza tudo que vivi. Será que essas pessoas valorizam menos o que lhes aconteceu? Será que não sentem saudade porque não viveram tão intensamente, porque de fato não têm grande coisa a lembrar?

Minha saudade é atiçada pela diáspora. Ver os amigos fundamentais que você teve um dia, que você amou tanto, e que hoje nem sabe por onde andam, o que fazem, quem são. E que você nunca mais verá. Saudade é esse sentimento cortante de perda, de desagregação, de desconexão, de amputação das coisas que lhe foram caras. Aquele seu amigo não existe mais. Mesmo que você o reencontre, ele é outro. E você também. A antiga conexão jamais poderá ser refeita. Ela só existe na sua memória.

Saudade é o irmão que você amava e que se foi para nunca mais voltar. É a memória do seu pai morto ficando a cada dia mais distante, mais difusa, menos real. Ou a certeza de que cada dia a mais que passa é um dia a menos para você aproveitar a companhia de sua mãe.

A melancolia vem de saber que mesmo que você convivesse com ela cada segundo que lhe resta, ainda assim não seria suficiente. Porque ela vai lhe deixar em breve – muito antes do que você gostaria. Saudade é o desejo de poder abraçar de novo a sua avó, e lhe dar um beijo e sentir outra vez a maciez dos seus cabelos. Saudade é a dor sem chance de solução de todas essas impossibilidades.

Saudade é olhar para o seu filho, e para a ampulheta implacável que paira sobre a sua cabeça, e constatar quão curta é a convivência que vocês terão. Quão precário, insuficiente, é o tempo de que você dispõe. Você, como seus pais, e como todas as pessoas que lhe são caras, está cruzando o céu em alta velocidade, para sumir do mapa para sempre, daqui a pouco, logo ali no horizonte.

Minha saudade é também o desejo, igualmente irrealizável, de voltar a ser aquele menino que via o mundo com doçura e cor, ao lado do irmão, em cima do colo da tia, de mãos dadas com o avô. Saudade não é só a falta dos outros. É a falta da gente mesmo, do que fomos, dos grandes momentos por que passamos. É o vazio deixado por um tempo que não existe mais, quando várias portas que se fecharam com o passar dos anos ainda estavam abertas para a gente.

E saudade também implica medo. Porque amor ao passado é amor a um tempo dominado, conhecido. Enquanto o presente implica riscos, desafios e exige esforço, e o futuro é um espaço disforme com tudo por construir, o passado é um refúgio sereno e controlado. A memória costuma edulcorar tudo. Mesmo as lembranças que não são tão boas ganham, com o tempo, um belo incremento de sabor e harmonia. O que os nostálgicos cultuam são visões idealizadas do que passou. Então a nostalgia é também um pedido de asilo, um refúgio acovardado para não precisar ir adiante sozinho, para não ter que enfrentar as incertezas e a impermanência de tudo.

A saudade é vertigem diante da velocidade das mudanças. É perceber que não é possível congelar nenhum momento no tempo. Tudo está passando – rapidamente. Eu, você, nossos pais, nossos filhos. Tudo está em movimento acelerado. Saudade é tentar trancafiar perto da gente aquilo que amamos, é tentar interromper os fluxos para eternizar numa fotografia aquilo que nos faz falta. Saudade é essa tremenda vontade de estar junto, de ficar junto, de ficar mais, de parar o tempo para que a gente não precise se separar nunca. Saudade é cagaço de ir adiante. É medo de viver.

Minha nostalgia vem da perplexidade diante dessas perdas impostas pelo tempo. Da extrema fugacidade da existência. E da visão de mim mesmo como uma presença que está se esvaindo rápido demais. Minha melancolia tem como base a percepção de que estou passando de modo inestancável pela vida. Minha geração, minhas referências, meus amigos, minha família, meus ídolos, minhas conquistas, minhas músicas – tudo que me forma está cruzando aceleradamente pelo tempo. E tudo vai desaparecer no final – que fica logo ali depois da esquina – sem deixar vestígio. Eu e todas as coisas que me importam vamos virar ausência. Vazio. Nada.

Minha saudade é uma reação desesperada a esse fluxo inexorável em direção ao esquecimento. À medida que a gente avança na vida, vai deixando um rastro de emoções para trás. São as marcas que deixamos pelo caminho – e que o tempo se ocupa de apagar sem muita demora. Há situações fundamentais, que definiram quem eu sou hoje, que já começam a evanescer. O apego ao passado é também o desejo de continuar vivo, de estender a vida, de não deixá-la correr tão descontroladamente para o fim. É um jeito de dizer: "para, dá meia-volta, eu quero descer, ficar um pouco mais, voltar atrás, deixa eu viver de novo."

A nostalgia é uma tentativa de imortalizar as grandes passagens da vida num culto de amor elíptico, movido pelo desejo irracional de reviver incontáveis vezes aqueles momentos incrustados na memória. A saudade é uma tentativa de brecar esse movimento irrefreável que nos une a todos – e que, paradoxalmente, nos afasta uns dos outros.

Estamos todos na mesma marcha. Passamos uns pelos outros num piscar de olhos. No momento seguinte, já somos outros. E aquele contato e aquela troca estão condenados a jamais acontecer de novo. Estamos numa estrada com mil cruzamentos – e sem nenhum acostamento. A ideia de trancafiar nossos amores numa curva do caminho, de modo a garantir a sua eternização, só cabe como ilusão dentro do coração da gente. Não é possível parar.

Esse é o desespero, para os nostálgicos. Cada recordação querida surge, gera uma faísca, dura um átimo e vai embora para sempre. E cada uma dessas perdas nos lembra de que é exatamente isso o que está acontecendo conosco – estamos todos indo embora. E que a própria vida é isso – "a gente chega, conta uma história e vai embora", na definição genial de Oscar Niemeyer.

A angústia que você sente diante das lembranças é tão particular que você não conseguirá dividi-la com ninguém.

A saudade será sempre uma dor confinada dentro de você. Um sofrimento pessoal e intransferível. Que a gente carrega como sina.

O DIA EM QUE CHOREI EM PÚBLICO

Hoje faz uma semana da Festa de 25 anos da Turma. Uma imersão de 36 horas em Santa Maria: um bar, dois restaurantes e uma balada. Ainda estamos nos recuperando da comemoração e a própria comemoração já faz aniversário. Ela também já virou passado – exatamente como tudo que ela se dedicava a celebrar. Passou. Virou memória.

Às vezes, durante a Festa, eu dava dois passos para trás, saía de cena, e ficava olhando aquela coreografia de afetos de fora, por alguns momentos. Ficava observando a Turma em movimento espontâneo – os abraços, os reencontros, os instantes de histeria coletiva, os olhares, as trocas silenciosas, os estrangulamentos amorosos, os pequenos e grandes filmes acontecendo à minha frente.

Em determinado momento, eu estava ali, encostado no balcão do bar, capturando aquilo tudo pela última vez. Já eram quase cinco da manhã. A Festa estava acabando. Bem mais da metade das pessoas já tinha ido embora. Então alguns amigos mais próximos começaram a se despedir. E aquela sensação de fim me pegou de frente, em cheio. Quando vi, estava chorando em cena aberta. A iminência da despedida inevitável – que deixava tanta coisa para trás, outra vez – me fulminou. Chorei ali, escorado na parede, ao lado do bar, encolhido no meu canto.

Uma amiga me vê, em meio ao breu, limpando as lágrimas, talvez ainda soluçando um pouco, e me pergunta: "De novo?" Era uma referência a 2006, nossa Festa de 20 anos, cinco anos antes. Mas lá eu não havia chorado. Tinha ligado para algumas pessoas depois da Festa. Angustiado com aquela tristeza, com aquela sensação de perda que me atropelava de modo inédito. Mas não havia chorado – não na frente deles. (Chorei um bocado no colo da minha mulher, mais tarde, em casa.)

Foi legal minha amiga não ter entrado na minha melancolia e, ao contrário, ter me dado um toque para eu sair dela e voltar ao presente. (Ela me confessaria, mais tarde, que desabou meia semana depois da Festa. *Viva, não sou só eu!*) É bacana, quando algo está lhe doendo, perceber que outra pessoa, nas mesmas condições, não está sofrendo tanto. Você relativiza a própria dor, de solenizá-la, de sacralizá-la, de colocá-la no pedestal – que seria a minha tendência natural.

Esse meu choro foi também libertador. Me surpreendi comigo mesmo, positivamente, ao desabar ao vivo – ainda que poucos tenham visto. Aquelas lágrimas despudoradas foram uma conquista importante para um cara que passou a vida controlando as emoções. É bom ser autêntico e se permitir um sentimento.

Passei os primeiros 40 anos sendo racional e responsável e consequente e preocupado – tomara que eu consiga temperar os outros 40 com mais espontaneidade, mais desejo, mais paixão, menos ansiedade. Tenho orgulho do amor adolescente que nutro pelos meus amigos de adolescência. Tenho orgulho dessa conexão misteriosa que nos une até hoje. Então curti ter colocado isso para fora daquele jeito inédito para mim.

Brincar de ter 15 anos de novo, quando se tem 40, é complicado. É duro voltar no tempo tendo ficado claro a você, de modo inequívoco, que o tempo à sua frente está pela primeira vez mais curto do que o tempo que ficou para trás. E que essa desproporção só vai aumentar. Celebrar a juventude, o viço, o começo da vida, os verdes anos, quando se está envelhecendo de verdade, é perigoso. ("Os filhos vão crescendo e o tempo vai dizendo que agora é pra valer", como canta Arnaldo Antunes em sua excelente *Envelhecer*).

Que tal ao menos manter a compostura e o senso do ridículo, se afastar da pieguice, preservar uma distância segura em relação às próprias emoções, se agarrar à justa medida das coisas? Bom para quem pode. A mim, que não posso, não interessa.

Que tal ter uma visão clara de que o passado passou e de que só o presente conta, e ficar numa boa diante do fato de que estamos em aceleração centrífuga, em veloz dispersão, em permanente clima de despedida? Gostaria muito de pensar e de sentir assim, mas isso não sou eu. Sim, somos esses pontos em eterna diáspora. Que teimam em olhar para trás. (Eternizar as lembranças talvez seja um jeito de nos eternizarmos também.)

Que tal passar por tudo isso ileso? Ótimo, só que não é para mim. Gostaria de estar sempre com a mente e o coração aqui. E de jamais me despegar do hoje. Mas volta e meia agarro o passado pela mão. O que a gente sente na Turma não é uma saudade do outro que possa ser resolvida no presente. O que sentimos é saudade do outro – e de nós mesmos – no passado. Isso é maluco. Nosso pranto vem da falta que nos faz gente que se foi para nunca mais – ainda que reapareça à nossa frente a cada nova edição da Festa.

Mesmo entre aqueles da Turma mais imunes à nostalgia, entre aqueles que vêm para a Festa sem abandonar o seu tempo presente, não há ninguém que não volte com o coração apertado diante de uma nova despedida.

Todos somos apaixonados por nossos filhos, maridos, mulheres e animais de estimação (não necessariamente nesta ordem). Todos somos apaixonados por nossas carreiras, por nossas casas, por nossas conquistas, por nossas vidas atuais. É evidente que todos nós vivemos hoje vidas muito mais bacanas do que vivíamos à época. Todos estamos muito melhores e mais felizes. Apesar disso, a cada novo reencontro somos arrebatados com a constatação de que talvez tenhamos tido a sorte, e ao mesmo tempo a sina, de termos encontrado alguns de nossos melhores amigos, alguns de nossos amigos para sempre, não na faculdade, não no trabalho, não em outra época ou em outro lugar – mas aos 15 anos, logo em nossa estreia na vida.

Então a gente continua andando, olhando para a frente, como deve ser, só que com um pedaço enorme do coração enterrado lá atrás, *once upon a time, somewhere in past.*

Se nos reencontrássemos no presente, se convivêssemos por mais de 36 horas, construiríamos novas relações. E muitas daquelas amizades talvez nem se renovassem. Em alguns casos, agradeceríamos ao tempo por ter passado.

Mas nos reencontramos no passado. E o cultuamos de todas as formas possíveis, numa imersão coletiva. Aí damos de cara com uma bruta sensação de perda. Que é quase de morte. Um sentimento de luto. De quem morre de amor por pessoas e situações e lugares que não existem mais. Para escapar a esse turbilhão, só se não tivéssemos esse amor bizarro que nos une. Para não sofrer com a hora de dizer tchau outra vez, só se não nos reencontrássemos. Para que não nos doesse o passado, só se não sentíssemos nada por ele. Amar à distância, no espaço e no tempo, dói. Mas deixar de amar, ou não ter amado, é muito pior.

É tanta coisa boa fluindo a cada Festa da Turma que chega a soar irreal – e é. As relações ficam perfeitas, ideais, de um jeito que só pode existir mesmo naquele clima de sonho e de exceção. Afinal, nos encontramos no passado e não no presente. Assim o encanto não se quebra – ao contrário, ele cresce. Lembrar é viver de novo – de modo seletivo. Não deixamos o presente enterrar o passado.

Confesso que chorei uma segunda vez. No aeroporto, em Porto Alegre, antes de voltar para a casa. Na mesa de um restaurante, à frente dos meus pais e de um filé com fritas acompanhado por um guaraná zero. E quer saber? Foi muito bacana. Poucas vezes na vida, depois que desci do colo dos meus velhos, ofereci a eles a chance de me acolherem. Ali, eu precisava dos meus pais. E acho que é sempre bom para um pai e uma mãe sentirem que estão sendo necessários a um filho adulto.

As energias da Festa respingavam para fora do seu ambiente e propiciavam momentos bonitos ali, naquele outro contexto. Da mesma forma, a tristeza pelas despedidas extrapolava o espaço da Turma e me fazia enxergar a provisoriedade inclusive dos meus velhos e da minha relação com eles. Há mais de 20 anos não moramos na mesma cidade. E isso nunca me pareceu tanto um desperdício de tempo precioso, de tempo irrecuperável, quanto naqueles minutos ali, diante deles, à espera de mais um voo que me levaria para longe.

A gente é escravo do que vive. Nossas experiências nos mantêm cativos. Há pessoas que se cruzam pela vida, às vezes de modo quase fortuito, e se afetam para sempre. Mais raro é isso acontecer em grupo – como na Turma. Há sentimentos que não mudam. Há amores que nos fundam. E que nos acompanham vida afora. E que permanecem vivos mesmo que estejamos longe, vivendo outras coisas, nos transformando em outras pessoas, vivendo outros amores e outras vidas.

Pense em uma realidade alternativa que pudesse ter estabelecido outra estrada conectando a sua adolescência com sua vida atual. Um grande amor que ficou no tempo à espera de ser vivido em toda a sua intensidade. Uma grande amizade que a vida minimizou. Quem saiu fica pensando em como seria ter ficado. Quem ficou fica pensando em como seria ter saído. Quem manteve o que tinha fica imaginando como seria ter jogado tudo para o alto – e vice-versa.

A Festa, marcando nossas vidas a cada cinco anos, embute em si essa crueldade: ela aumenta a sensação de vertigem, de velocidade, de que estamos passando rápido demais. Nos despedimos na Festa de 2011 para nos reencontrarmos em cinco anos, quando todos teríamos mais ou menos 45. Quando já estaríamos com saudade de quem éramos em 2011. Esse rito que instauramos marca de modo hostil o avanço inexorável do tempo.

Quanto tempo ainda teremos para celebrar o que tivemos? Um de nós que perca, por qualquer motivo, uma das Festas, fica 10 anos longe. Teremos ainda alegria e energia suficientes para nos reencontrarmos quando tivermos 50? Nossa Festa ainda fará sentido aos 60?

E se a Festa deixar de existir, e se a Turma enfim se dispersar para sempre, de modo definitivo, como administraremos nossas lembranças, laços, promessas, conexões, memórias, cumplicidades, recordações? (Talvez passássemos a viver apenas o presente, deixássemos o passado finalmente descansar em paz e sofrêssemos menos.)

Ou então tudo isso é apenas covardia minha. Eu me sinto muito querido no âmbito da Turma. Essa é também uma atração irresistível para quase todos nós – a Turma é um lugar seguro, onde temos lugar certo, onde somos amados, onde estamos entre amigos imutáveis, onde a temperatura e a pressão são controladas. (Ainda que essas condições só possam ser garantidas por alguns dias, antes de a rotina se instalar.)

Ali somos bonitos, somos charmosos, somos eternamente jovens. Somos reconhecidos, somos acolhidos, somos festejados. Temos algo grande em comum, curtimos uma sensação gostosa de pertencimento. Não tem como não ser ótimo chafurdar nessa banheira quente.

Ou então, repito, toda essa ladainha é apenas covardia minha. Não gosto de sentir dor, me apavoro com a angústia, sofro com a falta, com o fim. E o primeiro aperto no peito me faz ganir para a lua como um cachorro velho em crise de meia-idade, cheio de autocomiseração.

Ou então é apenas porque não vivi ainda uma perda fundamental, como a de um pai ou de uma mãe, e, portanto, não experimentei ainda o que é deixar de fato um pedaço essencial pelo caminho. E, assim, sem parâmetro, transformo em hipérbole a primeira falta de ar causada pela ausência, pela distância e pela saudade que sinto das coisas que ficaram para trás, perdidas no tempo, interrompidas para sempre.

Meus amigos no mundo. Meus amigos dentro de mim

As coisas me tocam. Eu me apego às pessoas. Valorizo os momentos. A impermanência de tudo me machuca. Eu sinto como um parnasiano. Uma dor funda a cada nova finitude com que cruzo pela vida. Os pontos finais me cortam a carne. Não tenho o desapego que permite a alguns navegar com leveza pelos eventos que o vento levou.

Às vezes lido melhor com tudo isso, sem tanto peso. Outras vezes, não consigo sorver da vida só as coisas boas, celebrando apenas o presente (e suas presenças) – as ausências me machucam. Carrego o gene macambúzio. Tudo adquire peso e se cobre de melancolia – que é quando até mesmo as alegrias me entristecem (porque passam) e o coração fica apertado até mesmo com as coisas boas (porque acabam), numa espécie de depressão pós-orgasmo crônica, permanentemente ligada, que vale para tudo.

Todos os dias quando acordo
Não tenho mais
O tempo que passou

Ao nos reencontrarmos, outras palavras e outros gestos, novos olhares e novos momentos passam a compor o panteão de coisas bacanas para lembrar – e para nos doer como lembrança, como saudade daquilo que fomos, e como abandono daquilo que poderíamos ter sido, e que jamais poderemos ser. Onde guardar tudo isso – que é maior do que eu? Como lidar com tudo isso – se mal sei compreendê-lo em toda sua extensão e profundidade?

A cada novo passo adiante, nos distanciamos mais das histórias queridas que ficaram para trás. E criamos novas histórias, que também são encerradas precocemente, e que também vão ficando para trás. A vida é feita de escolhas. E cada escolha implica uma perda. Começar alguma coisa significa encerrar outra. Optar por um caminho demanda recusar outro. A alegria de um reencontro traz sempre consigo a dor de uma separação. Não podemos ter tudo. Fazemos festas para não esquecer das coisas bonitas que vivemos – e que passam voando. Festas que também passam voando. Como a própria vida.

Sempre em frente
Não temos tempo a perder

A gente celebra a conexão inexplicável que nos une há tantos anos – nós que há tantos anos estamos separados. Amor antigo, redivivo. A euforia de reencontrar o outro vivo e bem – e ainda jovem e ainda bonito. Até que um novo tchau se impõe. Outro fim para prantear. O outro some de novo da nossa existência. E leva junto uma parte querida do que nos formou e do que somos. Um novo luto, doído, do outro – e de nós mesmos. Nós que sempre vamos embora – e que sempre que vamos embora deixamos algo de nós para trás.

Vertigem de viajarmos juntos no tempo para em seguida nos separarmos de novo. E a vida segue. Vertiginosamente. O tempo não para. E só se vive uma vez.

Então me abraça forte
E diz mais uma vez
Que já estamos
Distantes de tudo

A adolescência é uma época mítica, emocional, de construção de psique, de formação emocional, que adoramos mistificar. Voltar a ver e a sentir o mundo com aqueles olhos gera uma sinestesia brutal no adulto de hoje. Tem certas coisas com as quais é melhor não bulir.

Um sentimento de perda, de incompletude e de impossibilidade – quanto mais você insistir em reviver aquela realidade, que não é mais a sua, mais você sofrerá. Quanto mais você buscar aproximação com aquilo que deixou para trás – em busca de afago, de asilo, de cumplicidade – mais sentirá as distâncias invencíveis que foram estabelecidas (muitas delas por você mesmo).

Uma sensação de saudade dos outros, que ficaram para trás mesmo estando ali, e de si mesmo, que existe na vida real e não naquela realidade paralela – um sonho bom, maravilhoso, que renasce para morrer de novo em seguida. Saudade do que vivemos. (Passagens que se tornam perfeitas em nossa memória.) Saudade também de todas as coisas que nunca chegamos a viver. (E que também estão livres de imperfeições em nossa idealização.) Me vem à mente agora o gesto quebrado e sem possibilidade de consecução de alguém que levanta a mão para tocar em algo que é inalcançável – alguma coisa que já não está mais ali. Nostalgia é se apaixonar por uma projeção holográfica. A saudade é um amor platônico, irrealizável.

E o que foi prometido
Ninguém prometeu

O reencontro com desejos e sonhos antigos que você considerava domados. Seus fantasmas mais primevos. Sentimentos de outra época ressuscitados, fora de lugar, fora do seu tempo. Nem sempre reviver é bom ou faz bem. Desenterrar tesouros às vezes acarreta enfrentar as maldições que os guardam e que são guardadas por eles.

Ou então tudo é só medo de enfrentar suas próprias emoções, é só cagaço de sentir de novo tudo aquilo, com aquela intensidade. Medo de sofrer ao experimentar mais uma vez aqueles gostos fugidios. Medo de ver evanescer no ar aquele paladar. E de não ter mais aquilo. E de não poder mais ter ou ser aquilo.

Nem foi tempo perdido
Somos tão jovens

A vida é feita de momentos que, tanto melhores, mais nos doem depois, como saudade. A alternativa seria então não vivê-los? Viver menos intensamente, como estratégia para ter menos coisas do que sentir saudade no futuro? Anestesiar o presente como forma de não gerar as boas lembranças que vão doer lá adiante? Mas isso seria deixar de chorar de nostalgia para chorar de tédio. Trocar a dor da lembrança pela dor de uma vida vazia. Melhor prantear algo bacana que ficou para trás do que prantear algo que nunca aconteceu. Quem deseja a paz cinzenta de uma parede sem cor? Não viver para não sofrer? Não amar para não chorar? Quem deseja esse tipo de sossego para si?

Temos nosso próprio tempo

Esse aperto no peito. Tantos encontros e desencontros. Diante de nós, que nos amamos, nossos próprios caminhos paralelos, divergentes, não comunicantes. Quanto amor cabe num coração? Quantos amores? Quantos projetos cabem numa vida? Quantas realidades cabem numa existência? Quantos sabores pode uma pessoa sentir ao mesmo tempo?

A falta que vocês me fazem. O vazio que fica quando vão embora. Tantas descoincidências pelo caminho. Quando um estava pronto, o outro tinha partido. Quando um queria, o outro não sentia da mesma forma. Quando um podia, o outro estava comprometido com outras coisas. Quando um inflamava, o outro esmaecia. Quando um olhava fundo dentro dos olhos, o outro estava distraído fitando o horizonte. Quando um chegava sedento, o outro partia para palmilhar outros caminhos. Quando finalmente nos encontramos, já não parecia possível – já soava tarde demais. Ou, quem sabe, ainda cedo para acontecer. Um sopro de esperança, talvez, no labirinto escuro das paixões que não dominamos e que nos movem completamente.

É bom ter cumplicidade na nostalgia, alguém que sinta a mesma saudade que você. No entanto, ninguém pode compreender *de verdade* a saudade alheia. Essa é uma dor particular. Mesmo quem compartilha nossa nostalgia terá as suas recordações particulares – ou a sua *versão* particular dessas recordações. Estamos sempre sozinhos, trancafiados em nossos pontos de vista únicos sobre a vida. Ainda assim, é legal ter alguém *sentindo* a mesma música que você, mesmo dançando de um jeito totalmente diferente do seu.

Esse é o terceiro ensaio que escrevo sobre saudade. Deixar de viver para escrever sobre a vida é um absurdo. Só se faz isso quando está doendo, quando há sofrimento, quando é preciso extrair uma agonia de dentro de você. Escrevi esses textos para tirar isso de mim. Porque enunciar é compreender. Ainda que compreender não implique resolver – nem curar, nem deixar de sentir.

A gente escreve também para expressar um sentimento – em busca de solidariedade, de explicar aos outros. Ou seja: a gente escreve não só para entender, mas também para ser entendido. Pedindo cumplicidade, ganindo por solidariedade, para não sofrer sozinho.

Ao fazê-lo, gente como eu macula o mundo com as suas dores. Para me salvar (inclusive de mim mesmo), contamino você com minha melancolia. Escrever é também um ato absolutamente egoísta. Que você possa fazer bom uso dessas palavras.

O gene macambúzio

Já citei esse elemento algumas vezes. É hora de apresentá-lo.

Não sabemos bem o quanto somos definidos pela genética e o quanto somos definidos pela cultura. Tem coisa que já nascemos sendo. E tem coisas que vamos aprendendo (ou desaprendendo) a ser. A carga genética é uma influência forte. Mas a criação e o ambiente também o são. As duas coisas deixam suas marcas no indivíduo. E é provável que uma também imprima suas pegadas na outra. Mas não sabemos. Apenas supomos.

Acho que a tristeza tem grande influência dos genes. Meu pai tem um banzo sulino, invernal, que reputo um bocado genético, certamente herdado de uma longa linhagem de eremitas do Pampa. Não conheci meus avós paternos. Conheço alguns irmãos e irmãs de meu pai. E eles também carregam essa enzima sorumbática – que eu penso ter herdado e passado adiante ao meu filho.

Meu pai e eu temos essa tendência à melancolia e à tristeza. Temos uma nuvem triste, nostálgica, pairando por cima. Temos o atavismo da introspecção e do sentimentalismo. Acho que ele e eu desenvolvemos, cada um do seu jeito, meios de não nos deixarmos abater com isso.

Ele tem lá os fatores que fazem com que essa nuvem de vez em quando cresça e obnubile tudo diante da vista. Ele tem também suas formas de escapar a essa sina taciturna. Eu, cá do meu lado, tenho igualmente aprendido o que me condena e o que me salva da fossa. E assim vamos vivendo.

Meu filho, quando tinha pouco mais de 5 anos, mencionou, por duas vezes, a palavra *saudade*. Nas duas ocasiões, chorando. Ele começava a conhecer essa dor de ver passar diante de si momentos que desaparecem para não mais voltar. E começava a ter de lidar com ela.

Tínhamos acabado de chegar de uma viagem de uma semana, deliciosa. Férias em família – justamente no sítio do vovô. Ele vê meus pais três ou quatro vezes por ano. Esses períodos que passamos juntos são imersões cálidas num sentimento bom de *pertencimento* – momentos fundamentais, considerando que meus filhos vivem apartados mais de mil quilômetros dos seus avós paternos.

Naquela noite, minha filha, também com 5 anos, veio nos avisar que seu irmão estava chorando na cama. E eu já sabia do que se tratava. Não me pergunte como. Eu simplesmente sabia. Saí debaixo das cobertas e fui até lá com minha mulher.

Minha filha puxou a minha mulher – nesse e em outros tantos aspectos. Elas são emocionalmente fortes, decididas, independentes, autônomas. Sofrem menos. São mais blindadas nesse aspecto.

Meu filho, eu descobria ali, não funcionava do mesmo jeito. Ele puxou a mim. Ele se apega. Ele sente fundo. Ele sente falta. Ele depende.

Naquela noite, ele demonstrava de maneira precoce a tendência de se agarrar ao passado. Eu o peguei no colo. Ele disse que estava com saudade dos avós – de quem se despedira naquela tarde, para mais um período de alguns meses longe. Eu me vi ali. Lembrei de mim mesmo, em tantos momentos da minha vida. Ele sofria ao lembrar de coisas boas que estavam ficando para trás. Essa sensação era uma herança minha – da qual eu não me orgulhava.

Busquei passar a ele, deitado ao seu lado na cama, minha solidariedade. E um pouco de esperança. Tentei lhe traduzir um pouco das coisas que aprendi ao longo das últimas quatro décadas sobre como lidar com esse tipo de emoção. Sobre como não deixar o sol ir embora. Sobre como lembrar com alegria e não com sofrimento de tudo de bom que passa pela vida da gente. (Como se eu soubesse.)

Ele estava começando a descobrir as suas próprias reações, os seus próprios sentimentos. E eu sabia que tudo soava absoluto e grandioso naquela idade, quando ainda não há muito parâmetro para medirmos os eventos. Tudo é enorme, hiperbólico, paroxístico no vácuo de um coração que ainda viveu tão pouco.

Depois deitei um pouco com a minha filha, dei-lhe um beijo bem grande, e fui para o meu quarto. Não consegui dormir.

Minha história de amor com a Fanta Uva

Quais são as suas primeiras lembranças?

Um cheiro, um gosto, a luminosidade do sol esquentando um dia de inverno? Uma pessoa, um momento, um colo, um sentimento difuso?

Eu tenho tudo isso no meu repertório. Coisas indefiníveis, enterradas lá na tenra infância, por volta dos 3 ou 4 anos – uma mistura sinestésica de sensações, cravada num cérebro ainda começando a operar. Depois, as primeiras memórias mais perenes, por volta dos 5 ou 6. Depois tudo aquilo que fica para sempre – as coisas que a vida começa a empilhar dentro da gente depois dos 7 ou 8.

Uma das coisas mais antigas de que lembro envolve refrigerantes e tampinhas de garrafa. Primeiro, ainda com 4 ou 5 anos, a lembrança de uma coleção com a turma do Ursinho Puff – que muitos anos depois veio a se tornar "Pooh". Talvez uma coleção da Coca-Cola, lá pelo meio dos anos 70. Lembro do cheiro da Fanta Uva. No arrabalde de uma cidadezinha no interior do Rio Grande do Sul, distante de tudo – quanto mais dos universos de marcas como Disney e Coca-Cola.

(Esse é o paradoxo dos países periféricos: os produtos chegam até você, mas não a cultura e as conotações que os envolvem. O marketing corre o mundo e a mensagem vai ganhando outros significados no cruzamento com a realidade de quem vai sendo impactado pelo caminho, nos sertões do planeta.)

Caçapava do Sul fica longe demais da Disney World. Há 40 anos estava ainda mais distante. Na Flórida, eles não sabem o que é encher uma lata velha com areia, fechá-la, transpassá-la com um arame, deitá-la e puxá-la com um barbante, como se fosse um caminhãozinho.

Eles também não sabem o que é empurrar um aro feito de arame, do tamanho de uma roda de bicicleta, com uma haste também feita de arame, como se conduzir aquela argola fosse ter a própria bicicleta.

Em Orlando, subúrbio significa outra coisa. Eles não reconheceriam a beleza triste que cobria aquele ladeirão de terra batida da rua dos Parreirais, no bairro Floresta. Foi ali que eu assisti a meus primeiros desenhos animados, na TV em preto e branco, meio por acaso – *Penélope Charmosa*, *Moby Dick*, *Shazam*, a *Turma do Archie* e da *Sabrina*, enfim, os pacotes que a TV Globo comprava da Hannah-Barbera e de outros produtores de cultura pop. A TV só sintonizava *um* canal.

Foi ali que o cheiro doce dos restos de produtos cosméticos e de limpeza, e o abandono das embalagens plásticas coloridas, aninhadas num monte de lixo bucólico, num fundo de quintal, me encantaram pela primeira vez. O país se industrializava e gerava um monte de brinquedos novos para os meninos pobres.

O gosto de Fanta Uva continuaria marcando a minha infância. Um ou dois anos depois eu estaria em Santa Maria, começando no ensino fundamental – que se chamava, à época, "primeiro grau". Lembro da galinha com polenta que meu pai fazia aos domingos, quando eu assistia a *Superamigos* e *Scooby-Doo* na TV, tomando Fanta Uva. Garrafas de 1 litro, as maiores que existiam, davam para a família toda.

Lembro da primeira excursão com a escola, a uma espécie de retiro religioso, no campo, em que as estações da Via Sacra se espalhavam por um bosque. Na hora do almoço, encontrei meu sanduíche empapado por uma garrafa de Mirinda, ou de Sukita, que vazara sobre o lanche. Tinha uns 6 anos. A primeira exposição pública da minha vida, uma vergonha funda.

Em casa eu me alfabetizara lendo *Mickey*, *Pato Donald*, *Tio Patinhas*. Adorava os vilões: João Bafo de Onça, Irmãos Metralha, Mancha Negra. Em paralelo, no colégio das irmãs palotinas, descobria que havia um negócio chamado "álbum de figurinhas", que mobilizava a criançada. O primeiro de que lembro é o HB 77. Todo mundo ali parecia ser mais esperto do que eu. Ou mais sabido. Em especial as meninas, que já atuavam como mulheres muito experimentadas – especialmente as mais velhas, que já tinham 7 anos. Elas me punham no bolso. (Desde aquela época.)

A Fanta Uva também esteve comigo na Copa de 1978, quando a Coca-Cola lançou uma coleção com as fotos dos jogadores da Seleção Brasileira (e de outras seleções) impressas na parte de dentro das tampinhas. Você colecionava e depois jogava futebol de botão com elas. (Como bom gaúcho, eu preferia Pepsi à Coca. A Pepsi era uma deliciosa Coca com menos gás, talvez um pouco mais doce. Mas preferia mesmo Fanta Uva.)

Aí um belo dia eu fiquei mais velho. E esse cheiro e esse gosto saíram da minha vida. Exceto quando hoje, meio escondido de mim mesmo, peço uma latinha durante um almoço. Ou quando escondo uma garrafinha no fundo da geladeira. É muito bom voltar a ser criança. Nem que seja por alguns instantes.

O DIA EM QUE FUI UM PULHA

Corria o ano de 1979. Eu tinha 8 anos e cursava a terceira série. Já me firmava ali com a persona que teria ao longo de quase toda minha vida escolar: não era líder, não era popular, não era *nerd* (naquela época, na minha cidade, se dizia "crente", antes até mesmo que o termo "CDF" fosse inventado).

Eu também não era craque, não era namorador, não era da turma do fundão. Não sentava na primeira fila, não era o terror das professoras nem o seu preferido. Era quieto. Observava as coisas. E ficava na minha, digerindo, sentindo.

Não mexia com ninguém e não gostava que mexessem comigo. Tinha medo de dois ou três valentões que sempre achavam alguém com quem brigar na saída. E invejava o Márcio, um cara meio gordinho, muito gente boa, que sempre trazia no recreio um pão francês com um ovo frito dentro, com gema mole. Eu me deliciava vendo o Márcio comer aquele pão lambuzadamente.

Não lembro do que eu mesmo levava como lanche – ou se levava alguma coisa. Me ocorre agora um cheiro de pão mofado, que eu aprendi a comer sem nojo. Você saca do pão os nacos de bolor, mas o cheiro fica. Minha memória tem registrados mais pães assim, endurecidos, um pouco esverdeados, do que pães frescos.

Lembro também de, logo que entrei na escola, levar bolachas de água e sal com requeijão – uma combinação sofisticada para aquele ambiente, que adoro hoje, mas que, na época, não me rendia ninguém que quisesse trocar o lanche comigo. Havia uma espécie de mercado da merenda (termo que usávamos à época), e isso espelhava um pouco o status e a estima de que você gozava (ou não) no grupo.

Essa, ao menos, é a imagem que eu fazia (e faço) de mim. Não quer dizer que seja acurada. Muito ao contrário. Talvez outras pessoas que conviveram comigo naqueles anos tenham outra lembrança, que destoe dessa fotografia de um menino tímido, mais calado do que falante, mais introspectivo do que sorridente, de poucos amigos e, quero crer, bom coração.

Esse foi o único ano de minha vida em que estudei à tarde. Era interessante ir para a escola depois do almoço, com sol de meio dia – ao invés de sair de casa sonado, bem cedo, pegando ainda o rabo do frio da madrugada sulina. Era interessante voltar para casa à tardinha, já com o dia indo embora. Com calma preguiçosa, sem a pressa e a fome do almoço.

Eu vinha caminhando pela sarjeta, em câmera lenta, com a cabeça na lua, chutando pedregulhos e catando pequenos badulaques pelo caminho. Figurinha de chiclete (heróis da Marvel, eu lembro bem), palito de sorvete, tampas de garrafas, um pedaço de barbante. Minhas posses. Meus achados. Meus sonhos. Chegava em casa a tempo de assistir ao HB 79, desenhos da Hanna Barbera que a TV Globo passava antes da novela das seis – que naquele ano era *Cabocla*, com Fábio Jr. e Glória Pires, muito antes de Cléo e Fiuk.

Um dia, no meio de uma tarde ensolarada qualquer, num dia perfeito de meia-estação, estávamos todos em classe, na escola das irmãs palotinas que empregavam professoras laicas, e um colega meu, um menino igual a mim, talvez ainda mais deslocado, talvez ainda mais incapaz de machucar um inseto, que sentava junto à janela, fez uma janelinha com cortina, para o sol entrar.

Ele arrumou o tecido grosso, prendendo-o em dois puxadores de metal das enormes janelas de vidro, formando um quadradinho por onde o sol entrava e se derramava placidamente sobre a sua mesa, sobre ele, sobre as suas coisas.

Ele era mais alto e mais corpulento que nós, falava alto, com a voz um pouco mais grossa. Talvez fosse mais velho, talvez tivesse repetido um ano. Ou seja: tinha motivos de sobra para não estar enturmado, para ficar meio de lado em relação ao resto da turma.

Seu estojo era simples. Nada além de um lápis, uma borracha e talvez um apontador comprado naquelas papelarias simples, de bairro, que cheiravam a itens baratos de plástico e borracha, e que hoje nem existem mais. Mas ali ele era apenas um menino que tinha tido uma boa ideia, ao contrário de todos nós que estávamos na sombra, apartados da luz que brilhava do lado de fora naquela tarde prazeril de 1979.

Aquilo me tocou profundamente. E eu não consegui conviver com aquela janelinha ensolarada que ele construíra para si. Nem com a sua pequena grande engenhosidade. Eu o denunciei à professora. Ela o fez desarrumar aquilo imediatamente e mergulhar de volta às mesmices e às sombras da classe.

Eu o despi do seu brinquedo – porque ele tinha e eu não. Eu o forcei a ser um igual, porque a diferença que ele havia criado em relação a mim me machucava. Eu fui um pulha. O que poderia ter sido admiração virou inveja, o que talvez fosse amor virou ciúmes, meu carinho e minha solidariedade e minha empatia, tudo o que eu podia ter sentido de bom por aquele garoto e por sua invenção, ao invés de produzirem um elogio ou um sorriso cúmplice, viraram cobiça e maldade. Eu experimentava ali a condição de ser um cuzão. Um mau-caráter. Um filho da puta. Aos 8 anos de idade.

Felizmente, não gostei de me ver naquela posição. E aprendi aquela lição. Não como um ensinamento ou uma repreenda direta do meu pai ou da minha mãe – ou de qualquer outra pessoa. Aprendi sozinho, vivendo aquela situação que me confrontava com um papel em que detestei me ver.

Esse meu desgosto talvez tenha sido gerado por uma base de princípios e valores já instalada em meus alicerces. O assustador é que se eu tivesse gostado daquela situação, se tivesse extraído algum prazer dela, ainda que de modo secreto e inconfessável, eu poderia ter crescido um ser humano completamente diferente daquele que sou (ou tento ser) hoje – independentemente do arcabouço recebido em casa. Aquele remorso que senti foi uma reação minha. Quase aleatória. Ou instintiva. Poderia ter sido outra. Num piscar de olhos. E eu teria enveredado por caminhos absolutamente distintos.

Nunca pedi desculpas àquele menino – de quem não lembro o nome. (Gláucio, talvez.) E nunca mais o vi. Mas vou lembrar para sempre daquela tarde e do que eu fiz. Hoje, na hipótese improvável de nos reencontrarmos (e na hipótese ainda mais improvável de que nos reconhecêssemos), eu pediria desculpas a ele. Pelo que eu fiz. Ele provavelmente não lembraria do ocorrido. Mas *eu* não esqueci. E eu provavelmente lhe agradeceria também. Pela tremenda lição que, felizmente para mim, pude aprender com ele.

A MINHA PRIMEIRA SURRA

Eu tinha 12 anos e estava na sétima série. Sempre fui o mais novo da turma. E alguns centímetros mais alto que os demais. Ainda não tinha dado o esticão emagrecedor da adolescência – canela fina, ossos protuberantes etc. Portanto, além de mais alto, era também mais taludo que os outros.

Mas não sabia disso. Em que momento da vida conseguimos enxergar quem *realmente* somos? Nesse campo, vivemos de ilusões. De exageros para um lado e para o outro. Tanto o cabotinismo quanto a ausência de autoestima advêm da nossa tremenda ignorância acerca de nós mesmos.

Só que na puberdade é pior: não temos a menor noção do que podemos realizar e do que está fora de alcance. E isso nos fragiliza não só internamente, mas também diante dos outros.

Nelson era um garoto rude, ariano, filho de fazendeiro – e que batia no meu ombro. Com faro sanguíneo, percebeu que eu era um búfalo que se enxergava como uma paca. Alguém mais forte que ele – que se comportava como se fosse mais fraco. Talvez eu preferisse me apaixonar pelas meninas a medir força com os rapazes. Talvez eu tivesse uma sensibilidade diferente de terneiros iracundos como Nelson. Ou talvez eu fosse simplesmente covarde, com um temor paralisante de expor a minha integridade física.

Nelson identificou essa fragilidade e decidiu explorá-la em benefício próprio. Sua estratégia: humilhar o Golias medroso, que receava brigar, na frente de todos. Como um Davi sem causa, decidido a crescer por meio da aniquilação do maior alvo que pudesse acertar, ele me desafiou.

Do recreio para o final do turno havia três disciplinas. Tempo em que ele, por um motivo qualquer, que inventou, dedicou a me insultar. Um clima de elétrica ansiedade tomou conta da sala inteira. Haveria briga na saída. Violência ao vivo. Dentro de mim, relâmpagos. Calafrios. E uma vontade de me apequenar, de não oferecer resistência e convencê-lo assim da falta de sentido daquele confronto. Ou uma vontade de sumir dali, de não ter de enfrentar aquela situação extrema que me estava sendo imposta.

Eu deveria ter comprado a provocação. Devia tê-la devolvido na mesma moeda. E partido pra cima. Mas não pude. Detestava a ideia de apanhar. Especialmente em público. E desgostava também da ideia de socar o rosto de alguém. Nem mesmo de um sujeito que me tomava gratuitamente por saco de pancada, e que decretara que eu seria o cenário do seu show.

Tocou a sirene ao fim da última aula. A professora, diante do meu pânico, me sorriu alheia, punitiva, quase perversa. E foi embora com seus livros e sua maçã. Eu saí da sala sozinho. Nessas horas lhe faltam os amigos. Nelson veio atrás de mim, chutando minha mochila, me dando empurrões até a rua. Atrás dele, boa parte da classe. Esfuziante. Histérica. Nenhum bedel, nenhum supervisor de turno apareceu. (Uma menina, apenas, se aproximou e me disse: "Não afrouxa a perna.")

Na calçada, dei as costas a ele, tomando o rumo de casa. Tomei por trás o primeiro soco. Que Nelson deve ter arremessado para cima, de modo a alcançar meu rosto. O golpe me atingiu no nariz. Me desvencilhei da mochila e parti pra cima dele, meio cego, meio em choque. Fomos ao chão e trocamos sopapos e chaves de pescoço. Nos separaram depois de algum tempo.

Eu tinha ódio nos olhos, de onde também desciam grossas lágrimas. Ele tinha um olhar pacificado, vencedor. E a camisa branca machada com o sangue que me escapara do nariz. O seu troféu.

Voltei para casa sozinho, humilhado. Nelson saiu festejado pelos amigos.

Por que o errado sempre sou eu?

Em 1981 eu tinha 10 anos. Troquei de escola, fui cursar a 5ª série num colégio de elite. Um investimento bacana que meus pais – na época um bancário e uma professora – fizeram em mim. Éramos de classe média baixa e eu, de repente, passei a frequentar o mundo da classe média alta.

A turma tinha empregada e eu não. Os garotos tratavam suas coisas de um jeito descuidado que eu não podia me dar o luxo de praticar, porque era eu mesmo que organizava e limpava as minhas coisas. (Lembro de um moleque que, depois do futebol no campo de terra enlameado, limpava o barro da chuteira no meião – era a empregada, e não ele, que depois teria de se virar para tirar aquela terra toda do tecido.)

A turma chegava à escola de carro. Quanto a mim, às vezes meu pai me dava uma carona na sua moto Yamaha de 75 cilindradas. Na maioria das vezes, eu caminhava os dez quarteirões que separavam minha casa da escola. (Caminhava sozinho na rua desde os 8 anos. Era outra época.)

Em dias de chuva com vento, o guarda-chuva não dava conta. A água me pegava pelo lado. Chegava à escola encharcado até a cintura. E ficava assim, em classe, envolto pelas baixas temperaturas do inverno gaúcho, até a hora de ir embora.

Eu admirava os caras que todo dia compravam um prensado e um copo de Coca-Cola no bar da escola. Àquela altura, eu não levava merenda. Nem dinheiro para o lanche. Mas adorava aquele cheiro de pão quentinho com presunto e queijo derretido, misturado a gás de refrigerante, que emanava da cantina.

Aquele colégio foi uma troca de pele importante para mim. Até ali, só convivia com gente mais ou menos com as mesmas condições que eu. Ou gente mais pobre. Morava num apartamentinho de dois quartos, num BNH bastante digno, que se chamava Américo Batistella, onde todo mundo estava mais ou menos na mesma. Os pais de meus melhores amigos eram um funcionário da universidade, um segundo sargento no Exército, o proprietário de uma loja de conserto de rádios e televisões.

No prédio do lado, o "Maria Luísa", onde também brincávamos, o padrão já era outro. Os apartamentos eram maiores e os pais de meus amigos, um casal de protéticos e um casal de professores universitários, eram proprietários de suas casas, não as alugavam. (Tinha também um advogado que detestava crianças e que nos perseguia, o sr. Paul. Ele tinha um Aero Willys verde-escuro e um filho roqueiro, que também aparentava detestar. Acho que sr. Paul detestava muita coisa.)

A partir daquele momento, com a troca de escola, percebi que havia uma vida mais confortável à qual eu não tinha acesso. Aqueles garotos passavam menos frio do que eu. Nunca se molhavam. Pareciam comer mais, coisas mais gostosas. Tinham roupas melhores, viviam com menos restrições, com mais fartura.

Na turma do prédio, eu era o mais velho. Então tinha uma certa vantagem física nas peladas que jogávamos ao longo de tardes inteiras, com os pés descalços, sobre o cimento da garagem a céu aberto, tirando tampos dos dedos com alguma frequência.

No novo colégio, eu era um dos mais novos. Descobri rapidamente que não era o craque que imaginava ser. Treinávamos num campão. E eu comprei uma chuteira para aquela nova realidade. Uma Club Sul. Eu ainda não tinha noção da importância das marcas – estava recém-entrando na adolescência. Essa foi outra lição que aprendi rapidinho. A garotada ria da minha chuteira, que era tida como uma porcaria.

A garotada ria também do meu futebol – para ajudar, eu, que até ali atuava como um meia-direita, jogando com a 8, fui colocado pelo treinador como lateral esquerdo. Passei a jogar torto. E virei um alvo. O recém-chegado que oferecia uma oportunidade para o escárnio. Acho que não me saí muito bem debaixo dessa pressão do grupo. Introjetei um bocado daquela hostilidade, admiti o bullying. Me retraí e como que passei a confirmar boa parte daqueles desrespeitos.

Esse tipo de postura, de não me defender tão bem quanto deveria, acabou me acompanhando por boa parte da vida. Acho que essa frouxidão das defesas existe em mim até hoje. Tenho dificuldade de devolver a bofetada, de demarcar o território, de deixar o agressor também na posição de correr risco diante de mim, de fazê-lo pensar duas vezes antes de me dar o próximo peteleco.

Algum tempo mais tarde, minha mãe me deu uma chuteira Topper, assinada pelo Sócrates, que era o topo de linha naquele momento – estávamos às vésperas da Copa de 82. Se eu era identificado com uma chuteira de baixa qualidade, agora teriam que rever sua opinião a meu respeito.

Aí aprendi mais uma grande lição: a garotada passou a rir do fato de eu ter comprado uma chuteira boa demais para jogar naquele terrão. Acho que havia algum comentário sobre a disparidade entre as qualidades do meu futebol e da minha chuteira. Mas o que mais ouvi era como eu era burro de colocar uma chuteira como aquela num campo como aquele.

Ou seja: o bullying se adapta, não depende de argumentos racionais. Sua única lógica interna é excluir e machucar. Eu, de chuteira barata, vivia envergonhado. Eu, de chuteira cara, continuava deslocado. Não importava a chuteira – o ponto ali era o teste que o grupo me impunha. Eles, no fundo, queriam saber do que eu era feito.

Não quero ser duro demais com aquele menino. Tenho tentado ser mais condescendente comigo mesmo quando criança ou adolescente. (Quem sabe um dia não consigo ser mais condescendente comigo quando adulto também?) Mas lamento ter aceito toda aquela provocação de modo tão cordato, sempre desconfiando de mim, sempre trazendo o problema para dentro de casa e achando que o errado era eu e não os outros.

Se pudesse sussurrar alguma coisa na orelha daquele menino de cabelo capacete, eu lhe diria: "Confie mais em você. Goste mais de você. Não acredite tanto no que esses caras estão lhe dizendo."

Bem, nunca é tarde demais para me dizer isso ao pé do ouvido. Nunca é tarde demais para ouvir o que está sendo dito.

Qual foi a última vez que você chorou?

Eu choro muito raramente. Muito menos do que gostaria. Devia chorar mais. Porque sinto muito mais do que aquilo que me permito deixar vazar para o ambiente.

O que sinto está sempre na minha cara, explícito para quem quiser ver. Não consigo disfarçar – e isso já me valeu muita antipatia e já me colocou em posição de fragilidade diante de muita gente. Mas o ponto aqui é: se você sente, expresse. Seja que for, para o bem ou para o mal. O lugar disso que você está sentindo não é aí dentro, escondido, trancafiado, soterrado. O lugar disso é no mundo. Mesmo que você não consiga entender e muito menos explicar o que está se passando dentro de você. Afinal, você não precisa compreender as coisas para que elas existam em você e mexam com você. Você não precisa expressar somente aquilo que estiver plenamente compreendido, analisado, sublimado, dominado. Nossos sentimentos costumam dar uma bela banana para as nossas tentativas de racionalização.

Esses dias eu chorei. Depois de muito tempo. Inesperadamente. Na mesa da cozinha, tomando um café gostoso e lento depois de uma sobremesa farta depois de um jantar sossegado numa noite de feriado. À minha frente, minha mulher. Minha companheira, minha sócia, minha cúmplice. A mulher da minha vida. Chorei de tanto amor que sinto pelos meus filhos. E por ela. A minha felicidade, naquela hora, simplesmente não coube em mim e eu tive que deixá-la sair. Me permiti. Chorei também por não ter mais meu avô e minha avó, que não chegaram a conhecer seus bisnetos. E que teriam muitas alegrias a trocar com eles. E comigo. (Às vezes me pergunto: será que eles estão me vendo envelhecer, de algum lugar?)

Também chorei de saudade da minha infância pobre, da minha bicicleta lilás de segunda mão, singrando as ruas de terra do arrabalde. Chorei de saudade – e de dó – do meu amigo gordo, o Porquinho, que só tinha um chinelo de dedos gasto para usar e cujas refeições passavam quase sempre por uma caneca de café preto e um naco de pão feito em casa, sem nada por cima.

Chorei de saudade – e de dó – de mim mesmo, acho. Daquele menino curioso, que sempre se sentiu um estranho, um desajeitado. Que sonhava com a vitória e convivia com a ideia de que era um perdedor.

Chorei com medo de um dia não poder mais oferecer aos meus filhos uma infância melhor, uma comida melhor, uma roupa melhor do que aquilo a que tive acesso – coisas que me suscitam, não me entenda mal, um bocado de apreço e gratidão e nostalgia.

Do lado de fora

Em 1985 eu tinha 14 anos e assistia à eclosão do rock nacional, um movimento que uniu e deu cara à minha geração.

Numa noite quente de sábado, eu subia as escadarias de um ginásio de esportes, em direção à porta de entrada, comprimido entre centenas de outros adolescentes. Era possível subir sem encostar os pés nos degraus. Estávamos magnetizados por aquele evento. Inaugurávamos ali uma era, quase sem querer. Era um acontecimento imperdível: os Paralamas do Sucesso, banda que iconizava como poucas aquele fenômeno que ia tomando corpo no país, ia tocar em nossa cidade dentro de alguns minutos.

Olhava para aquela moçada vestindo *surfwear* – Op, Sundek, Lightning Bolt, Hang Ten e Hang Loose – e cheirando a Stylleto e desejava ser um deles. De fato, não era muito diferente do resto da manada, exceto por um detalhe: eu não tinha o ingresso de 14 mil cruzeiros para ver Herbert Vianna tocar ao vivo *Óculos* e *Meu Erro*. Não tinha dinheiro para o ingresso, ou pelo menos imaginava que não tinha.

Desde criança, ficava constrangido de pedir a meus pais dinheiro que, ao menos na minha fantasia, pudesse fazer falta. Ou que talvez eles não tivessem para dar. Para poupá-los do constrangimento, ou para me poupar de ver meus pais constrangidos, eu nem pedia. Ainda mais para uma coisa tão supérflua quanto tomar parte em um evento geracional, histórico, em que três rapazes cariocas colocariam 3 mil adolescentes, entre eles, todos os meus amigos, para dançar.

Mais estranho era que eu não tivesse o convite e estivesse lá, enfronhado na turba que prelibava os momentos de eletricidade e êxtase que viveria em instantes, dentro do ginásio. Acho que o que me movia era o desejo de não ficar de fora do acontecimento. Queria estar lá, fazer parte daquela história, nem que fosse de maneira tangencial.

Ou talvez houvesse, mesclado àquele gesto, um certo gosto pelo martírio, um gesto algo masoquista de ver bem de perto o sorvete que eu não poderia tomar.

Cheguei até a porta, olhei para dentro do recinto, dei meia-volta e fui embora.

Lembranças de uma década triste

Nos anos 70, todo brasileiro era um retirante. O Brasil terminava de se transformar de um país agrário em um país urbano. Quem nasceu por aqui nas décadas de 40, 50 e 60 muito provavelmente havia nascido no campo e naquele momento morava num apartamentinho do BNH ou numa pequena casa de subúrbio.

Esse astral de gente desterrada, em movimento, ascendendo na vida, perpassou os anos 70 – ou ao menos é isso que me diz o sentimento que eu trago de lá, dentro de mim, como alguém que nasceu no primeiro ano daquela década e que, portanto, traz um testemunho infantil daquela época.

Lembro de uma era de gente ralando, passando dificuldade, sonhando, progredindo aos poucos, deixando para trás um estilo de vida para abraçar outro. De jovens apartados de seus pais, de sua gente, de seu passado, da sua zona de conforto, da própria cultura que os havia formado na infância e na adolescência.

Era uma turma que sentia saudade, que sentia medo, que vivia num eterno ponto de não retorno, que encarava a dureza da vida sem poder olhar para trás nem contar com ninguém, que rompia com padrões antigos e inventava o novo, debaixo de uma ditadura, meio de improviso, aos solavancos, meio a reboque do que acontecera no resto do mundo na década anterior.

De um lado, os anos 70 no Brasil trouxeram as mulheres cortando os cabelos como homens, fazendo permanente para abraçar o Black Power, usando calças e aposentando vestidos e sutiãs, indo à luta, falando em aborto, divórcio e sexo casual, enfim, dando passos cruciais para a equiparação dos direitos e deveres entre os gêneros no país.

Era o Brasil universitário, de oposição, de sindicalistas e de discursos políticos utópicos que surgia – junto com uma classe média urbana até então inexistente. Era o Brasil que ouvia Chico e Caetano com saudades de Vandré, que se encantava com as cores da TV Globo e com a sociedade de consumo que começava a fulgurar nos intervalos comerciais da emissora. Para essa turma, que viveu o medo e a falta de ar durante os anos de chumbo, e que insuflou a resistência democrática durante a distensão, a trilha da década talvez seja *O Bêbado e o Equilibrista*, de João Bosco, na voz de Elis.

De outro lado, os anos 70 no Brasil também foram definidos pela batalha existencial, e profissional, de quem não poderia mais viver da terra, no interior, num ideal idílico conservador que estava morrendo.

Surgia um novo país, de gente morando em quitinetes e em quartos dos fundos. De arrabaldes, de namoro no banco da praça, de romances ordinários assombrados por mil fantasmas, de casamentos ancorados em um salário mínimo, de funda nostalgia em relação às próprias raízes, cada vez mais longínquas e sem utilidade.

Essa geração enfrentou, no osso do peito, a solidão na cidade grande (para quem vem do interior, qualquer cidade é *grande*), o embate entre ideias modernas e tabus antigos, de gente correndo atrás do tempo perdido em supletivos e em cursos profissionalizantes, de trabalho durante o dia e estudo à noite, de gente com a alma colada nas novelas, nos programas de calouros e de auditório, nas páginas de *Sétimo Céu* e de livros baratos como *Bianca* e *Sabrina*.

Para essa turma, feita de motoristas de ônibus e taxistas, de escriturários e secretárias, de trabalhadores braçais e empregadas domésticas, a trilha da década talvez seja *O Portão*, de Roberto e Erasmo. Toda a melancolia daquele momento histórico está genialmente expressa nessa canção do Rei. Mas não só nela. Roberto transformou em música o espírito triste daqueles tempos, de gente machucada, frágil, cansada de guerra, mal instruída e mal paga, sentindo culpa e sentindo pena de si mesmo, sentindo falta do colo materno e do apoio de um pai, assistindo ao mundo se transformar assustadoramente à sua volta, entregue à própria sorte na vida (ou ao azar no amor daqueles novos tempos): *Amada Amante, Ternura, A Dis-*

tância, *Não Se Esqueça de Mim, De Tanto Amor, Lady Laura*, entre outras pérolas.

Lembro da minha querida tia Cleia, num quarto de pensão, cheia de sonhos, na sua batalha pela sobrevivência, pela dignidade, ainda muito jovem, com a cabeça quem sabe cheia de sonhos. E já com o peito latejando suas frustrações e suas revoltas, embebida pela tristeza invencível que define a sua geração, curtindo quem sabe uma sensação de abandono e de injustiça, com um pôster do jovem Roberto na parede.

Lembro do seu perfume bom e barato, do seu longo cabelo negro, da sua alegria em me ver, dos bombons que me oferecia – uma metáfora do carinho que sempre dedicou a mim. Lembro do seu enorme sorriso cândido, sentido, terno.

Uma imagem que vou guardar para sempre.

O Rei e eu

Roberto Carlos me faz lembrar do meu pai. Meu velho faz parte da juventude que cresceu ouvindo Roberto, que foi jovem na virada dos 60 para os 70, e que acompanhou o Rei no salto do iê-iê-iê para o romantismo.

Meu pai pertence à geração que amadureceu com Roberto. Ele se tornou homem, adulto e pai junto com o Rei. E se viu também gostando de carros e adotando um violão como companheiro. E aprendeu, de certo modo, nas canções de Roberto, a amar e a idealizar o amor.

Há uma tese interessante, do crítico literário Harold Bloom, que diz que Shakespeare inventou o humano com a sua literatura – ou seja, o dramaturgo inglês não apenas representou o homem, mas de certa forma o inventou, ao engendrar em sua obra uma série de emoções, de atitudes e de pensamentos que ainda não haviam aparecido na história das artes, e que alargaram a visão e a compreensão que temos de nós mesmos. Acho que Roberto, a seu modo, mimetizou e condensou liricamente, como poucos, a alma brasileira em sua geração. Ninguém é Rei à toa. Um mundo de programas de auditório vespertinos. E de revistas com cifras de sucessos populares. E dentro delas, anúncios de cursos por correspondência de Eletrotécnica, Desenho Artístico e Corte & Costura do Instituto Universal Brasileiro.

Lembro de uma discussão acalorada entre os adultos, numa das raras vezes que meus pais receberam amigos em casa, sobre a letra de *Cavalgada*. Meu pai a considerava poética. Minha mãe, cafona. Lembro do disco de 1978 do Rei, que tínhamos e que me emocionava muito. Eu, com 7 anos, aprendia a ser triste com Roberto Carlos.

(Lembro de meu pai, um grande assoviador, solfejando ao longo da vida um riff que sempre me tocou e que somente há pouco vim a saber que pertence à *Meu Pequeno Cachoeiro* – uma daquelas canções que não estão entre as 10 maiores do Rei, mas que não deixam por isso de figurar entre as memórias afetivas de todos nós.)

Vejo meu pai, com calça jeans boca de sino e camisa safári, se despedindo de mim, quando eu tinha talvez uns 4 anos, para mais um longo período de ausência, na época em que vivi mais de ano longe dele e de minha mãe. E a trilha que caso sempre com essa cena cálida, que me marcou na vida muito mais do que eu talvez gostasse de admitir, é *Como vai você* – uma música muito triste de Antonio Marcos, eternizada na voz do Rei.

Roberto também me faz lembrar de minha mãe, que sempre o desprezou. Minha mãe sempre foi contra a Jovem Guarda e combateu a alienação que Roberto epitomizava ao empunhar a sua guitarra elétrica, e ao se equilibrar sobre um par de botinhas de salto.

Na briga entre o rock e a bossa nova, minha mãe recusava as duas correntes e ficava com Geraldo Vandré. Ela sempre foi fã do Chico Buarque da canção de protesto, sempre recusou o Chico dos sambas líricos e desengajados dos anos 60. Ela sempre refutou o desbunde colorido e hippie de Caetano e Gil.

Cresci vendo Roberto e Chico como dois reis de dois Brasis distintos e antagônicos. Roberto era o rei da TV Globo, da situação, da ditadura, dos valores estabelecidos, da baixa instrução. Chico quase não aparecia na TV Globo (às vezes dava as caras na TV Bandeirantes ou na TV Educativa) e era o rei da oposição, da resistência democrática, dos ventos de mudança, da *intelligentsia* nacional.

Esses dias houve um feriado em que viajei com a família para longe da metrópole. Ficamos à mercê da TV aberta. Nada é mais proletário do que ter apenas 3 ou 4 canais de televisão para assistir – condição com a qual convivi por quase três décadas.

Não há nada mais classe C, ou D, do que ser impactado pela TV Globo diretamente na antena do aparelho de televisão (quem sabe com um bombril na ponta), como o único sinal com qualidade de imagem aceitável. E então ser arrebatado pela imensa sedução do Rei na tela. E por sua enorme presença, festejada ou não, em nossa vida.

Eu nem me lembrava mais como era isso. E me recobri com uma nostalgia da pobreza. E da minha infância, dos meus anos de formação, quando havia reis e eles estavam no auge. Roberto Carlos era rei, Didi Mocó era rei, Cid Moreira era o parâmetro de tudo, Zico era um príncipe com charme de rei, Tarcísio Meira e Francisco Cuoco dividiam uma coroa real, Chico Anysio e Jô Soares dividiam outra. Nostalgia de um mundo mais simples, menor, mais reto, com menos opções, mais sob controle. Um mundo edulcorado pelas cores da televisão – que não era digital nem em alta resolução.

Roberto como Charles Chaplin, cantando *A Guerra dos Meninos*, em 1982, música que meus amiguinhos de pátio no BNH cantarolavam entre uma brincadeira e outra. Roberto com lenço no pescoço, cravo na lapela e cabelão encaracolado. E eu, ali, garoto, assistindo fascinado a tudo aquilo. Ouvindo algumas das obras-primas do Rei, que reputo hoje como as mais belas canções italianas já compostas dentro ou fora da Itália.

Uma porta de entrada para a minha infância profunda. Para a casa da minha avó, com seu inacreditável móvel da Philips, com pé palito, que tomava a parede inteira e continha uma televisão, um toca-discos e um rádio. Uma peça classudíssima, que não cabe mais nas casas de hoje – nem no mundo de hoje.

A lembrança doce das férias de verão e de inverno na casa da minha velha, meu refúgio eterno, na sua cidadezinha idílica, de calores mediterrâneos e céus bíblicos. Trata-se de uma época perdida em minha memória, que me dói, e que eu acalento com prazer.

Roberto é uma trilha que me conduz a esse passado amoroso, que talvez nem sequer tenha existido de verdade ou em toda essa intensidade difusa que registrei em meu coração. Roberto e sua voz suave e seu cantar delicado embalando os sonhos de amor, as paixões, os sentimentos de uma geração que não era a minha. E toda a emoção disso tudo, que respingava em mim, criança, uma esponja a absorver esse emaranhado de sensações.

Poucas coisas, ainda hoje, me deixam tão mexido, tão sentido, quanto uma canção triste do Rei.

5
CONTOS MELANCÓLICOS

Outra manhã de segunda-feira

Chove fininho sobre São Paulo. Num dia como esse, tenha um amor. Alguém em quem pensar com carinho. Tenha um projeto que lhe entusiasme. Um trabalho que lhe faça feliz. Tenha uma família bacana. Tenha um sonho para realizar. Tenha, enfim, uma boa ideia qualquer para instalar em sua mente – como aquele playlist favorito que você coloca em modo "repeat", de modo a não ouvir mais nada.

Num dia como esse, trate de não acordar com nenhum vazio na alma, nenhum ódio no coração, nenhum problema demasiado pontiagudo na cabeça. É um dia de olhar mais para dentro do que para fora. Você pode se esconder de tudo num dia como esse. Menos de si mesmo.

Tomo um café fora de casa. São 7:30. O lugar está vazio. Uma médica, paramentada com sua roupa azul de cirurgia, toma um café com seus dois filhos adolescentes. Os três estão esparramados sobre as poltronas. Me ocorre que ela não deveria usar essas roupas fora do hospital. Ou talvez ela seja uma enfermeira – e aquela seja a indumentária com que sai de casa para trabalhar. Em seguida a moça vai embora com seus filhos.

Agora, só uma menina me faz companhia. Uma jovem mulher de aparência solitária. Meio gordinha, nem bonita nem feia. Ela tricota em frente ao janelão, diante da sua bandeja e do vidro que nos protege da chuva. Ela claramente não está ali à espera de alguém. Penso se está ali procurando a si mesma. Ou, ao contrário, fugindo de se encontrar.

Em breve, a menina também sai – e como que refaz sua imagem em minha retina, ao partir para o dia, com uma expressão determinada, me deixando para trás com minhas divagações.

Outras pessoas começam a chegar. Lá fora, sob o céu negro, o turbilhão de gotas continua caindo, mexido pelo vento, sem direção nem sentido. Aguardo um instante e saio também.

No lado de fora, envolto pelo ar frio, sinto a chuvinha me molhar o rosto. Depois entro no carro, checo rapidamente a agenda e deixo o dia me engolir.

Meu primeiro tango em Paris

Ontem fez um dia lindo de outono em São Paulo. Friozinho, céu azul, sol gostoso. E eu começando mais uma semana, navegando por mais uma encruzilhada, ponderando por que caminho seguir.

As velhas questões: garantir a sobrevivência versus investir na vocação e no significado, grana a curto prazo versus grandeza artística e realização do talento num prazo maior. Aí me ocorreu uma lembrança tão macia quanto aquela tarde que me envolvia.

Estávamos em Paris, alguns anos antes. Subíamos para o Sacre Coeur e nos perdemos (ou nos esquecemos) do Funicular, um trenzinho que torna a subida mais cômoda. Saímos do metrô, provavelmente na estação de Abbesses, e flanamos ladeira acima.

Cruzamos pelo Espace Dalí – que estava fechando. E continuamos a caminhada em busca da basílica. O bairro de Montmartre, cheio de artistas e de gente jovem, um lugar onde importa mais sonhar do que ostentar, onde importa mais viver do que ganhar a vida, onde o talento parece ser mais importante do que a grana, me lembrou um pouco o clima de Palermo Soho, em Buenos Aires. Ou, talvez, de uma certa Vila Madalena, em São Paulo. As pessoas com as quais íamos cruzando pareciam viver modestamente, sem grandes sobras nem grandes arroubos. Mas pareciam saborear a vida de um jeito leve e, ao mesmo tempo, intenso.

Em determinado momento, quando já estávamos quase chegando à igreja, numa viela especialmente íngreme, quase uma escadaria serpenteando morro acima por entre bistrôs e *studios*, eis que nos deparamos com uma espécie de oficina, de um cômodo só. Não tinha mais do que 20 metros quadrados e operava com a porta aberta. Ali dentro, num ambiente simples, mas aconchegante, decorado frugalmente, mas com bom gosto, acontecia uma aula de tango.

Um professor e uma aluna, supus. Parei para ver aquilo. Não para fotografar nem para filmar, apenas para sorver aquele momento. Uma cena de filme. Na qual eu me inseria, como observador.

Cenas lindas como aquela devem acontecer às centenas numa cidade como Paris, com tradição de *savoir vivre* – ou "saber viver". Numa cidade como São Paulo, com tradição *workaholic*, estaríamos todos ocupados demais em ganhar dinheiro, para pagar o condomínio que não para de aumentar, para nos darmos ao luxo de dançar tango, lindamente, no meio de uma tarde luminosa.

Esse é um daqueles momentos que você não esquece, porque lhe marcam de modo íntimo. Um daqueles instantes que nem fazem parte dos seus relatos de viagem, porque, afinal, não são "grandes" momentos – ao contrário, sua importância está exatamente na delicadeza de serem momentos "pequenos".

Nem sei se aquela vida seria para mim. Mas que eu a desejei muito, ali, sentado no degrau de uma escada em Paris, ah, isso desejei.

A grande lição que aprendi com *9 ½ Weeks*

Eu tinha 16 anos quando assisti pela primeira vez a *9 ½ Weeks*, o filme de Adrian Lyne estrelado por Kim Basinger e Mickey Rourke.

Lembro da minha amiga, vizinha de prédio, uma das primeiras paixões que tive na vida, me dizendo um dia que tinha visto um filme ótimo. "A mulher é linda, o homem é lindo, o filme é lindo", ela se extasiava, com aquele brilho cheio de bons hormônios nos olhos, como a gente só tem na adolescência.

Adrian Lyne é um cara que pouco filmou depois dos anos 80. Ficou marcado pela crítica como um cineasta de filmes com estética de videoclipe e de comercial de TV, com uma visão de mundo meio ingênua, meio *kitsch*, meio assombrada diante de assuntos relacionados ao sexo.

Não que eu soubesse disso na época. Mas, para mim, pouco importaria. Amadureci sexualmente, tanto quanto a minha geração, bastante influenciado por aquela textura e por aqueles maneirismos e por aqueles ideais e grilos expressos em *9 ½ Weeks*.

Sem falar na trilha sonora. *Slave to Love*, de Brian Ferry, até hoje mexe comigo. Trata-se de uma influência formativa. Eu queria ser Mickey Rourke. E queria achar uma Kim Basinger para mim. Queria ser *cool* daquele jeito. Ter um cabelo como aquele. Ter aquelas roupas, ter aquela grana, ter aquela personalidade misteriosa, ter aquela vida *yuppie*.

No fundo, no entanto, eu sempre soube que tinha menos a ver com aquele playboy de Manhattan, do que tinha com aquele velhinho, artista, que aparece no filme, morando no mato, provavelmente em algum cafundó do estado de Nova York, para lá de New Jersey, e que a personagem de Kim Basinger vai visitar para fazer o convite a que ele exponha seus trabalhos na galeria de arte onde ela trabalha.

Eu já sabia, ali, ainda imberbe, que era com aquele velhinho que eu tinha mais em comum. Aquele era o meu arquétipo. O meu modelo. O meu ideal de vida. Aquele sempre me pareceu, ainda que lá atrás de maneira apenas intuitiva, o melhor personagem do filme.

O velhinho que faz Kim Basinger chorar no momento que ela confronta a simplicidade e a autenticidade da vida dele com aquele mundo *uptown*, plástico, acrílico, metálico, metido, falso, feito de neon e de mentiras, recheado de artistas e de celebridades, no qual ela estava inserida.

A alma da personagem de Kim Basinger, no fundo, não estava lá, com John, o personagem de Mickey Rourke – ainda que ela estivesse apaixonada por ele. Ela estava, na sua essência, ali, longe das imposturas de Manhattan, nas verdades cultivadas por aquele velhinho e por sua arte.

Aquela é uma sequência bem estranha dentro da narrativa de *9 ½ Weeks*. E, para mim, cada vez mais, a grande sequência do filme. Eu fiquei muito mais impressionado com o velhinho segurando um peixe nas mãos e dizendo para Kim Basinger – "eu como quando tenho fome. Eu durmo quando tenho sono", quando ela pergunta por que ele mora ali, longe da fama e do glamour, do que propriamente com a cena de sexo sujo nas escadas do metrô, sob a chuva, ou com a cena do piquenique sexual em frente à geladeira.

Aquele velhinho artista continua sendo meu ideal de vida. É o que quero para mim. Simplicidade, autenticidade, essência, verdade, paz. E, talvez, um certo isolamento físico de um mercado que se alimenta de exposição, de um mundo que insufla e liquidifica egos.

Nunca fui tão velho e chato como aos 20 anos

Eu fui, durante um certo período em minha vida, o inimigo Nº 1 da alegria. Sobretudo, da minha própria alegria.

A faculdade foi uma época dura para mim. Trocas de pele são sempre dolorosas. E você nunca aprende o suficiente com elas, de modo a não sofrer da vez seguinte. A entrada no ensino superior foi um dos processos que mais me pôs à prova. Cheguei à universidade com 17 anos, como um adolescente secundarista. E saí dela, quatro anos depois, logo depois de completar 21, me iniciando como adulto na vida. Dito assim parece que a travessia foi fácil, simples e rápida. Não foi.

Eu vagava pela faculdade, aprendendo quem eu era com aquilo que via nos olhos das outras pessoas. O que é um baita risco – significa colocar a sua identidade sob a tutela de terceiros que raramente são bondosos ao perceberem que têm esse poder sobre você.

Era como se eu estivesse renascendo ali, numa vida nova, e inscrevendo todo um novo RG para mim mesmo. Procurava a minha turma, sem muito sucesso. Eu me incomodava com as risadas. Simplesmente porque não eram minhas. Eu ria pouco. A vida era agastada, não havia muito motivo para alegria. Mas acho, além disso, que queria parecer sério, em vez de infantil ou bobo. E me tornava lentamente, sem perceber, um chato. A leveza dos outros me incomodava. Porque, em busca de solidez, eu me recobria de peso.

Com sentimentos embaralhados, naquela retirada a fórceps da adolescência, eu me ocupava de pensar, de filtrar tudo pelo viés do raciocínio – e me esquivava de sentir. Poderia ter sido adolescente por mais tempo, como tantos ali. Mas preferi, estoicamente, me atirar a uma jornada diária de crescimento, de acúmulo, de formação intelectual. Fui mais realista que o rei nesse caminho de "amadurecer". (E, claro, como em todo estoicismo, havia carradas de autoflagelo no processo.)

Com isso afastei muita gente de mim. Diante das risadas dos outros, ainda que se divertissem por nada, eu poderia simplesmente ter rido junto. Ou então ter respeitado o riso alheio, mesmo que vazio. Teria me divertido mais. Mas eu me levava a sério demais para me permitir essa, ou qualquer outra, *joie de vivre* – ou "alegria de viver". Então me punha em silêncio, analisando internamente a vida ao redor – sem, muitas vezes, tomar parte dela. Me escudava numa pretensa superioridade – que eu não tinha. Ao contrário: qualquer risada vale mais do que um cenho franzido – mas eu não sabia disso.

Tinha bronca das meninas que não se interessavam por mim. Tinha bronca porque elas preferiam namorar outros caras, mais ensolarados e agradáveis. O que me tornava ainda mais nublado e desagradável. No fundo, hoje, acredito que algumas delas até quisessem trocar uns beijos comigo. Só que não eram tão óbvias e retas quanto eu – que era ali uma vítima pueril do racionalismo e do intelectualismo. Elas talvez me estivessem propondo um flerte, uma corte – enfim, um jogo de ordem afetiva e provavelmente sexual que eu nunca tive presença de espírito ou tranquilidade ou autoestima suficientes para jogar. Lia aqueles sinais como sinuosidade ou como escárnio e as isolava. (Ou melhor: *me* isolava.)

Ao invés de soltar as pesadíssimas pedras que eu mesmo ia colocando sobre os ombros, e ir sem peso e sem culpa brincar de ser feliz com elas, com riso, com autoironia, tomando uns tombos aqui e ali, e levantando de novo, pronto para outra aventura, eu me dedicava a ficar encontrando problemas em quem "não me queria".

Tudo era truncado para mim. Tudo tinha muita consequência. Porque eu havia me transformado num ser de chumbo. Porque eu levava tudo – eu mesmo, as pessoas ao redor, o mundo, a vida – a sério demais. (E no fundo, como está claro, porque eu não sabia namorar.)

Aquilo tudo também não deixava de ser um exercício intelectual interessante. Sozinho, fui ler. E, solitário, fui escrever. Nada que pudesse substituir à altura aquilo que eu de fato queria para mim – amor, sexo, afeição, carinho, paixão, romance. Mas se o substrato desse processo tortuoso de crescimento, daquelas confusões mentais em que me embretava, foi me transformar num escritor, só posso considerar que tive uma boa compensação pelo tanto que penei.

Lamento apenas por ter passado tantos anos tão férteis em regime de aridez autoimposta. Nunca estive tão afastado de Eros e de Dionísio quanto naqueles verdes anos. Nunca tive tantas enzimas boas correndo no sangue – e, no entanto, nunca me ocupei tanto de esganar minha libido com as próprias mãos. Quando você se coloca externo à alegria, a alegria também se aparta de você.

"People are strange when you are a stranger"

Tudo era assustador e tumultuado nessa fase em que me tornei adulto, entre os 17 e os 21 anos. Estava exilado dos amigos, imerso num ambiente ameaçador e competitivo. Tudo soava desafiador. Havia poucas zonas de conforto. Eu vivia num estado de constante vigília, sem jamais me permitir um repouso interior.

Também nunca fui tão pobre quanto naquela virada dos anos 80 para os 90. Aquela mistura esquisita de hiperinflação com depressão econômica, de falência das instituições com desesperança generalizada, me atingiu em cheio. O confisco da poupança não nos atingiu porque estávamos abaixo da linha de corte. Mas não ter gordura para queimar não era vantagem nenhuma. Meu pai e minha mãe trocavam de carreira, recomeçavam profissionalmente, e aquele foi nosso pior momento em termos financeiros.

Meu niilismo nunca foi tão agudo. Lembro que li *Ronin*, a *graphic novel* de Frank Miller, empréstimo de uma amiga por quem me apaixonaria em seguida, e aquele clima fictício de fim do mundo, de futuro cinzento, encontrou genuína correspondência dentro de mim. Eu não enxergava saída.

Tem essa fase, na adolescência, de angústias fundas, em que o sujeito não consegue transcender a sua dor nem dar a ela a medida correta, em que o sujeito não consegue se desterritorializar e construir alternativas (que, não raro, estão ao alcance da mão), em que é preciso cuidar para que o sujeito, movido por pura tolice e inexperiência, não desista de tudo – antes mesmo de começar alguma coisa.

Naquele período, a faculdade era meu único meio social. Diante de pessoas que eu queria conquistar e de um ambiente em que eu queria circular com mais desenvoltura, acabei me entrincheirando em mim mesmo e afastando quem se aproximasse. Para que não descobrissem minhas vergonhas, minhas desvantagens, tudo o que me embaraçava em mim – eu não pertencia à classe média, eu não tinha visto um monte de filmes fundamentais, eu não tinha feito intercâmbio nem falava inglês, eu não conhecia um monte de bandas, eu não tinha começado a ler os livros obrigatórios.

Eu era apenas um garoto do interior, chegando numa capital que sabe ser seca e fria como poucas. E chegando numa faculdade em que todo mundo parecia operar uma espécie de permanente campanha de marketing de si mesmo.

Eu, que buscava a afeição das pessoas, acabei me isolando. Como um punk áspero que no fundo só quer um pouco de colo. Como um artista iniciante que, de tanto medo de não ser aceito, agride a plateia de antemão. Ao invés de conquistar novos espaços, de tentar seduzir de volta as pessoas que me encantavam, eu me fechava. Não dava o primeiro passo, não oferecia o primeiro sorriso. E talvez nem retribuísse as piscadelas que recebia. Ou talvez nem as tenha percebido. Eu não sabia ser simpático. Ou não *queria* sê-lo. Me sentia preterido – e adotava uma postura de desdém em relação àquilo que eu mais desejava para mim naquele momento. O que é uma estratégia que nunca dá certo.

People are strange when you are a stranger. Faces look ugly when you are alone. Women seem wicked when you are unwanted. Nos versos de Jim Morrison: "As pessoas são estranhas quando você é um estranho. As caras são feias quando você está sozinho. As mulheres são más quando você não é desejado."

É isso aí. Quando tudo em volta parece estranho, quando a estranheza das pessoas à volta é cáustica, na maioria das vezes é porque o mais estranho no recinto é você.

A DAY IN THE LIFE

Eu estava começando a minha carreira. Tinha 23 anos. Aquele era meu primeiro emprego corporativo. Na época da faculdade, um par de anos antes, eu tinha montado uma microempresa com dois colegas. Um estúdio de criação. Fazíamos de tudo – jornalzinho para videolocadora (num tempo em que havia jornais e videolocadoras), logotipo para clínica de psicologia, folheteria para um hospital, organização de pequenos eventos, enfim, o que nos pedissem.

Chegamos a liderar com bastante sucesso uma campanha política em 1992. Eu tinha então 21 anos, estava recém-formado e quase elegi um prefeito na fronteira sul do Brasil, em troca de, se bem me lembro, 3 mil dólares.

Aos 23, numa metalúrgica, pela primeira vez vivendo a rotina de um escritório, eu levava muito a sério a minha posição de assistente de marketing. Passei a usar gravata todo dia. Engordei dez quilos em um ano. Abandonava a perspectiva de ser um artista pobre em nome de me iniciar como executivo, com um salário que equivalia a mil dólares.

Sou CDF. Sempre fui. Me cobro mais do que qualquer um normalmente cobra de si. E mais do que qualquer outro poderia cobrar de mim. Tenho vontade de culpar a minha mãe por isso. Mas a verdade é que a responsabilidade pelo que sou, pelo que decidi ser, é só minha. E ali, ainda em idade de pensar mais em madrugadas de pegação do que em tardes de ralação, eu já era mais realista que o rei na hora de prestar meus serviços à empresa que pagava meu salário.

Até que um dia distendi o ligamento do pé em serviço, num evento da empresa. Carregava umas caixas, resvalei e lá se foi meu tornozelo. Fiquei uns 15 dias em casa. No início, estranhando aquela coisa de assistir a programa infantil de manhã e filme na Sessão da Tarde. Depois, talvez, percebendo o que só iria aprender muitos anos depois: a vida é muito mais do que trabalho duro.

É preciso ter tempo para ler, para pensar, para cochilar, para refletir, para conversar com as pessoas, para ficar doente, para ficar de molho. Sem culpa, sem pressa nem pressão. A vida, mesmo a profissional, não é só enfiar sua existência numa rotina corporativa e dar a descarga. Eu era muito novo para sacar isso naquele momento em que só queria queimar óleo, me testar, ver do que era feito e até onde poderia chegar.

Apesar disso, bem de leve, comecei a curtir aqueles dias parado no acostamento. A ponto de, no final do meu período de licença, ter acontecido um episódio em que senti uma sensação tremenda de liberdade. Ter visto brotar em mim um imenso, radiante sentimento de felicidade.

Era sexta e eu só voltaria a trabalhar na segunda. Havia acabado de tirar a tala e fui ao cinema no meio da tarde, adorando aquela doce estranheza de flanar sem compromisso pelas ruas num horário *proibido*.

Passeei pela cidade com uma leveza ímpar, com aquele sorriso fácil, bobo, dos comerciais de sabonete dos anos 80. Eu estava ganhando meu próprio dinheiro pela primeira vez, e acho que experimentava ali o gosto bom e inédito de ser adulto, de estar independente, solto na vida, sem dever nada a ninguém.

Esse é um momento bacana, do qual muita gente inadvertidamente abre mão: o interregno entre a condição de você ser o filho, e depender dos seus pais, e a condição de você ser pai, e ter filhos que dependem de você. A vida de jovem adulto solteiro morando sozinho é algo que todos deviam saborear por pelo menos uma década. Quem pula essa fase sentirá falta dela lá na frente.

Lembro bem do filme a que assisti naquela tarde: *Quatro casamentos e um funeral*. Que era, em si, um hino à vida bem vivida, sem amarras, com leveza, uma ode aos jovens de coração, em início de carreira, que estão sempre com atitude e espírito de ganhar o mundo com alegria e graça.

Sempre que ouço *Love is All Around Me*, trilha do filme, me vem aquela mesmíssima, ótima, tépida sensação de ser jovem, de estar começando, de ser contente, de gostar da vida e tê-la inteira pela frente, e de ter uma fé sem fim no que me espera adiante.

Você já ouviu, bem mais de uma vez, alguém lhe dizer que "coincidências não existem". É bem possível que isso seja a mais pura verdade.

Quando a falta de capricho é uma patologia

Tem gente que investe tempo para fazer as coisas bem-feitas. São pessoas que fazem o que têm de fazer com capricho, com gosto e desvelo. É gente que desfaz a mala em hotel e arruma tudo direitinho no guarda-roupa, e se instala no quarto e customiza o ambiente a ponto de realmente se sentir em casa. Mesmo que só vá ficar hospedado um par de dias.

Pessoas assim imprimem seu jeito nos lugares em que estão. Ensolaram as situações, transformam as experiências em passagens bacanas, agradáveis, macias. Ao investirem um pouquinho mais de atenção e energia, extraem muito mais prazer das pequenas e das grandes coisas da vida.

Tem um cara na academia de bairro meio fuleira onde eu comecei a treinar boxe que transforma o banheiro-espelunca numa suíte de hotel cinco estrelas quando vai tomar banho e se trocar. Abre suas roupas, demora no chuveiro, faz a barba, se perfuma. Isso seguramente torna o dia dele melhor.

Há gente que valoriza as refeições, que presta atenção ao que está comendo, que celebra esse momento. E não dispensa os talheres, o galheteiro, as louças, os gestos – mesmo quando está fazendo um lanche sozinho. Isso torna o alimento mais saboroso.

Eu não sou assim. Levo o mínimo de apetrechos possível para onde quer que eu vá. Nunca me instalo completamente nos lugares. Escolho muitas vezes a comida pelo que estiver mais à mão e pelo que sujar menos louça. Nunca me sinto em casa – às vezes nem mesmo em casa.

Quando cheguei ao Japão para o meu MBA, no início de 1995, morei primeiro num dormitório muito bacana da Universidade de Kyoto. Meu vizinho francês transformara seu quarto num pedaço da França. Espalhou fotos, postais, pôsteres, objetos pessoais. O quarto era *ele*, era *dele* – não pertencia ao dormitório. O quarto dele cheirava bem, tinha música boa, tinha comida boa. Era um lar. Tinha alma.

Eu, em nome de ser prático ou de manter meu distanciamento do lugar, como a sublinhar para mim mesmo a saudade cavalar que estava sentindo de tudo que estava deixando para trás naquele momento, mal desfiz a mala. Ocupei o menos possível os armários, as prateleiras e o guarda-roupa. Me mantive acampado ali. Como se estivesse me resguardando daquele lugar. Sabotando-o, me mantendo externo a ele e dizendo: eu não sou daqui e isso aqui não me pertence.

Sentia uma preguiça paralisante na hora de tornar aquele ambiente mais gostoso, de transformar aquela experiência num tempo mais bem vivido. Meu quarto era frio, sem graça, anódino, triste, sem nenhum charme. Era como se ele continuasse *vazio*. O que me fazia gostar ainda menos dele, a investir ainda menos nele, num círculo vicioso bem esquisito e pouco produtivo. Aquele quarto, e minha relação com ele, diz muito sobre quem eu era e sobre quem, de certo modo, ainda sou.

Opero sempre pelo provisório. Como se não quisesse alterar os ambientes em que estou inserido, como se não quisesse deixar pegadas nem digitais, de modo a facilitar a saída. Um sentimento de não relação, de não entrega – de defesa. Para não me apegar. Ou então de praticidade, de impaciência, de falta de capricho e de disposição para investir no meu próprio bem-estar, a partir do cuidado estético com aquilo que me cerca. Sou meticuloso e exigente para uma série de coisas. Me doo incondicionalmente para uma série de projetos. Mas não para o embelezamento do que está ao meu redor, não para tornar aconchegantes e pessoais os lugares onde estou. Uma inércia pavorosa me trava nesse momento.

A ausência desse cuidado com as pequenas coisas resulta em fealdade. Em aridez sorumbática. Elementos férteis para o estabelecimento da tristeza. Ou o que meu avô chamaria, talvez, de *relaxamento* – no mau sentido do termo. Recentemente dirigi muitos quilômetros pelo interior da França. Toda casa por lá tem um jardim bem cuidado. Uma roseira frondosa, floreiras, canteiros e hortas multicoloridos. É um país bonito porque as pessoas que moram lá querem que seja assim. Porque gostam disso e investem nisso.

Quem cruzar o Rio Grande do Sul pela região dos alemães e dos italianos, na metade norte do estado, também encontrará um capricho muito grande com as casas, sempre bem pintadas, com os quintais cercados, com os pátios, com as gramas aparadas. Mesmo em casas simples, não falta cuidado.

Trata-se de um zelo que, de modo geral, nós, os bugres, os pelos-duros, a turma da metade sul do estado, não temos. Mas não jogo o problema para o coletivo. Assumo aqui essa deficiência como um traço meu, individual. Algo que já está mais do que na hora de corrigir.

Somos todos covardes

O ser humano é gregário quando está em dificuldade. E tremendamente individualista quando está por cima. Isso não é justo, não é legal, não é correto. Mas é assim que somos – seres sociais que mereceriam ficar sozinhos.

Quando estamos por baixo, sentimos saudade daquela tia que sempre foi nossa fã incondicional. E para quem há anos não nos dignamos a ligar. Quanto tudo ao redor é áspero e sem cor, sentimos saudade da infância, das tardes quentes de verão na casa da avó, quando não nos pesava quase nenhuma responsabilidade sobre os ombros, quando o mundo era nosso e era feito de sonho.

Quando as coisas dão errado, sentimos saudade do colo materno, que tantas vezes renegamos, às vezes de modo rude, e desejamos voltar para o útero ou para qualquer outro ambiente protegido, que nos permita não sermos adultos, que nos permita não sofrermos pressões nem penarmos com angústias.

Quando a nossa vaca vai para o brejo, ficamos nostálgicos dos dias tenros e mágicos em que éramos heróis, craques, soldados invencíveis, cavaleiros garbosos, campeões imaginários de tudo de bacana que pudesse haver nessa vida – quando a realidade ainda não tinha o poder de nos colocar em nossos devidos lugares.

Quando a gente está numa boa, ao contrário, só olhamos adiante. Só enxergamos a nós mesmos. Nos tornamos arrogantes. Renunciamos ao passado, àquilo que nos formou e que nos trouxe até aqui. Renunciamos aos outros, aos gestos mais simples de humanidade, de simpatia, de cordialidade. Nos perdemos completamente da humildade. Ficamos tão orgulhosos de nós mesmos que esquecemos de dizer "obrigado" e "por favor", duas palavras (e duas intenções) fundamentais.

Quando as coisas dão certo para a gente, a soberba nos toma de assalto e ficamos imaginando que só devemos tudo isso de bom que está nos acontecendo a nós mesmos. Ou ainda: ficamos achando que o mundo nos *devia* aquilo, que a conquista se trata apenas da confirmação de um destino previamente selado, ou do pagamento de uma dívida histórica e óbvia que a vida tinha conosco, mercê dos nossos belos olhos, do nosso talento incomparável, da nossa competência ofuscante.

Nos dias feios, somos covardes – e nos apequenamos, fugindo da luta. Nos dias bonitos, somos covardes também – e nos esquecemos ardilosamente de dar de volta tudo aquilo que recebemos e de ajudar quem nos ajudou.

À LUZ TRUNCADA DE UMA MANHÃ DE OUTONO

O executivo saca o traje caro do guarda-roupa. Veste sua camisa branca impecavelmente passada. Escolhe uma gravata bonita. Sapato preto bem engraxado, meias novinhas em folha, cinto de couro com fivela máscula.

Ele encara no espelho o próprio rosto escanhoado. Ajeita com musse o corte de cabelo recém-aparado. Decente, limpo, convincente – sem ousadias nem excessos. Borrifa bom perfume sobre a própria jugular e parte para o dia.

Ele é um vencedor. O mundo é seu. Não há uma centena como ele no país. Tem orgulho da lógica que ampara seu raciocínio, dos jeitos de dizer as coisas que foi aprendendo pela vida corporativa, dos créditos que tem angariado na organização e no mercado.

Ele adora seu próprio pragmatismo, seu senso prático de não desperdiçar palavras nem minutos, de mitigar suas emoções com carradas de razão. Cultua sua capacidade de dizer o que precisa ser dito, de modo lógico, e fazer o que precisa ser feito, de modo expedito. A vida é um jogo com regras que precisam ser seguidas por quem quiser vencer.

Ele entra em seu carro vistoso. Com seu celular de última geração. Com seu peito estufado e seus trejeitos de vencedor. Então, de súbito, o executivo para. Olha para a cena como se estivesse fora dela. Reprisa na mente a sequência daquela manhã, de todas as manhãs de sua vida desde que ele consegue se lembrar.

Percebe naquilo tudo, que fora sempre uma sequência de gestos olímpicos, um travo de via-crúcis. Como se aquele jeito de viver e de fazer as coisas, de repente, lhe passasse a gerar mais vergonha do que orgulho.

Por um momento, ele se sente ridículo. (Não há nada mais patético do que alguém que se descobre patético.) Ele se defronta com essa percepção por um segundo. Depois a joga fora. Mas passa a duvidar das certezas sólidas que sempre cultivou sobre si mesmo. Já não sabe se o que faz é certo ou se o que diz faz sentido. Já não sabe do que é capaz. Não se conhece. Não se reconhece. Como um ator que acreditou tanto no papel que interpretava que já não consegue se desvencilhar do personagem e voltar a ser quem era de verdade. A sensação é desconfortável.

Ele jamais se colocou à prova. Achava que se auscultar, se questionar de vez em quando, equivalia a cultuar a insegurança. E assim, com medo de parecer frágil, abraçou a soberba. A tremenda ignorância das certezas absolutas.

Sua carreira, ou a ideia que ele fazia dela, o convidavam a admitir cada vez menos a dúvida, à medida que galgava posições. E a ouvir cada vez menos. O bom executivo era o macho alfa firme, que não pedia opinião, que sabia todas as respostas. Um sujeito que evitava pensar duas vezes em público para não levantar suspeitas sobre sua capacidade de decidir.

Os poderes do seu cargo faziam-no sentir superpoderoso. Mas pessoas não são cargos. Uns não são os outros. Uns não são os outros. Uns não são os outros.

Dead Man Walking

Dead man walking, algo como "homem morto caminhando", é o que dizem em voz alta os guardas do corredor da morte, nos Estados Unidos, quando anunciam que vão conduzir um prisioneiro à execução. Ao menos é isso que está no filme que tem essa expressão como título, uma bela pensata sobre a instituição americana da pena de morte, com grandes atuações de Sean Penn e Susan Sarandon.

Trata-se, acima de tudo, de uma expressão cruel. Fria, mórbida. Que indica os últimos passos de alguém que já está morto. E que eu reproduzo aqui para indicar a estranheza daqueles dias em que você já pediu demissão, ou foi demitido, e ainda continua na empresa à espera da data derradeira em que entregará em definitivo o crachá e nunca mais aparecerá por ali.

São dias esquisitos. Que se revestem de uma poesia cortante. Uma mistura de sensações aceleradas toma conta da sua mente e do seu coração. Você olha para as pessoas sabendo que talvez seja a última vez que irá vê-las. Cruzar com gente que antes você encontrava todo dia, com a mesma facilidade e a mesma monotonia de beber um copo d'água, agora adquire um peso novo. Gestos banais assumem uma solenidade insuspeita diante de finitude.

Tem gente que mal trocava palavra com você e que lhe escreverá e-mails longos, emocionados, agradecidos – verdadeiras elegias.

Tem gente que parecia próxima e interessada e que não lhe dirá nada, ficará a distância – como se você fosse um cadáver em acelerada decomposição, um foco de contaminação, algo indesejável de se ter por perto.

Tem gente cujo silêncio esconderá lágrimas sentidas. Um mutismo de quem lamenta muito a sua saída e não sabe bem como expressá-lo. E você as compreenderá mesmo que elas não digam palavra.

Tem gente que festejará com você a sua saída – dizendo que é para melhor, que é bom para você, que você vai se dar bem.

Tem gente que festejará sua saída pelas costas, regozijando o fato de que você não estará mais por perto impondo as ameaças que imaginavam que você lhes impunha.

Tem gente que vai lhe sorrir falso, e vai lhe abraçar com falsidade, e vai lhe dar tapinhas falsos nas costas.

Tem gente que vai lhe trazer presentes de despedida – e deixá-los com um bilhetinho querido sobre a sua mesa quando você não estiver por lá, porque tem vergonha de entregá-lo pessoalmente.

Tem gente que vai ficar sinceramente feliz por você.

Tem gente que vai ficar sinceramente triste com a sua saída.

Tem gente que vai ficar aliviada.

Tem gente que vai se sentir órfã, desprotegida, abandonada com a sua ausência.

Tem gente que vai se sentir emancipada, pronta para alçar voo solo.

Tem gente que vai torcer muito a seu favor e até desejar estar em seus sapatos – talvez quisessem sair junto com você e acompanhá-lo aonde quer que você fosse.

Tem gente que vai torcer contra – porque há muita inveja neste mundo.

Tem gente que vai encher a cara e chorar abraçada, em seu ombro, nos vários bota-foras que vão organizar para você.

Tem gente que vai se sentir traída e não vai lhe perdoar jamais pela deserção.

Ao longo desses dias no limbo, quando você já saiu da empresa, mas ainda está ali, como um morto-vivo que vaga por corredores, gabinetes e elevadores de um ambiente ao qual já não pertence, você passa a enxergar as coisas de modo diferente – e se surpreende com a quantidade de percepções novas que surgem sobre um lugar que você considerava totalmente esquadrinhado.

Para não esvaziar a sua mesa somente no último dia, e para diluir o peso físico e simbólico de levar tudo embora de uma só vez, você vai tirando as suas coisas aos poucos. Todo dia você tira dali um pouco de si, e de quem você foi naquele ambiente.

Até sobrar só o esqueleto do que foi a sua vida naquele lugar. A tremenda melancolia de desfigurar com as próprias mãos uma imagem que um dia foi a sua, e de profanar fisicamente o espaço que um dia lhe pertenceu.

Você vai. E um bocado de você fica para trás: os fracassos, os pés pelas mãos, os eventos constrangedores, os atos vergonhosos, os remorsos sem possibilidade de cura.

Você vai. E um bocado daquilo tudo você leva com você:

as conquistas, as marcas positivas, os grandes êxitos, as gratidões eternas, as confianças inabaláveis, os gestos de grandeza, as contribuições que entraram para a história.

Ao final, resta apenas dizer tchau. E ir embora para não mais voltar.

O horror absoluto

Meu amigo vivia fora do país há 14 anos. Era PhD em computação e trabalhava em um projeto acadêmico de ponta, patrocinado por uma grande multinacional da área de tecnologia.

Mesmo com uma vida assim, bem-posta, começou a achar, de uns tempos para cá, que estava na hora de voltar ao Brasil. Sua mulher, brasileira como ele, foi contra. Considerava que já tinham construído uma boa vida lá fora.

Seu filho, cursando a primeira escola, também não queria vir. Mal conhecia o Brasil. Seu lugar era aquele país que o vira nascer, onde as pessoas falavam a sua língua materna, onde tinha seus amigos.

Mas meu amigo estava convencido de que era hora de voltar. E, com o tempo, conseguiu convencer a mulher e o filho. Queria, é provável, que seu filho se tornasse brasileiro. (Ou, pelo menos, um pouco brasileiro.) Queria, quem sabe, estar de novo em meio a seus pais e irmãos, aos velhos amigos. Talvez ele estivesse com saudade. Talvez não quisesse ficar para sempre no desterro.

Meu amigo voltou ao Brasil no mês de março. Comprou uma casa em Cotia, cidade que integra o cinturão verde de São Paulo. Era um jeito de conjugar as oportunidades profissionais que só São Paulo podia lhe oferecer no país com a certeza que tinha de que a metrópole era muito violenta e suja e infernal para ele, um riponga com 40 e poucos anos, e para sua família, completamente desacostumada às agruras da vida brasileira.

As coisas iam bem até as oito horas da noite de uma segunda-feira de julho, quando meu amigo estacionou o carro em frente à sua casa, saiu em direção à porta de entrada e, antes que pudesse alcançá-la, foi executado com dois tiros à queima-roupa. Sem motivo aparente. Sem testemunhas. Sem qualquer chance de defesa ou apelação.

Poderia escrever aqui que nada do que ele carregava foi roubado. E que a tese mais provável é que o crime tenha ocorrido em função de uma vingança contra o antigo dono da casa. Esse proprietário teria chamado a polícia por conta de um assalto e a polícia teria matado três dos quatro assaltantes. O bandido sobrevivente, que conseguiu fugir, ou alguém da parte dos bandidos mortos, teria mandado matar o proprietário. Só que o sujeito havia passado a casa adiante. Em suma, meu amigo teria sido executado brutalmente, a poucos metros da mulher e do filho, por engano.

Poderia escrever aqui que é fácil demais matar alguém no Brasil. Que a vida vale muitíssimo pouco no Brasil. Que as pessoas são exterminadas no Brasil, na frente de suas casas, a céu aberto, diante de suas famílias – algumas por engano. E que a irracionalidade já chegou ao ponto de as execuções terem se tornado moeda de troca nas relações entre os vários grupos sociais que nos compõem.

Poderia escrever aqui que há cada vez menos chances de eu e você não nos envolvermos neste faroeste brutal. Porque não dá para fingir que não é conosco quando as trevas estão cada vez mais próximas da sua família.

Poderia escrever aqui que o que aconteceu com meu amigo não é jeito de um país receber de volta um filho que desejou tanto voltar. Especialmente quando esse país deveria estar se beneficiando das importantes contribuições que tinha para dar um talento talhado em uma década e meia de trabalho e estudo avançados no exterior.

Poderia escrever aqui que o Brasil, com a nossa conivência, com a nossa inação, está escolhendo o caminho do tiro, da facada, das ações violentas e das execuções sumárias.

Poderia escrever aqui muitas outras coisas. Mas meu relato termina aqui. Gostaria de terminá-lo de modo seco, bruto, abrupto, sem tentativas de explicação, sem conclusão alguma.

Terminá-lo aqui, de forma arbitrária, exatamente como a vida do meu amigo. Por que escrever quando não há o que dizer? A palavra é inútil, a frase bem-feita é inútil, o parágrafo perfeito é inútil diante do absurdo, diante da estupidez, diante do horror.

Eu não deveria escrever sobre isso

Dois amigos sofreram perdas terríveis. Eu deveria silenciar, em respeito à sua dor. Um deles perdeu uma filha de 18 anos. Inexplicavelmente. O outro perdeu uma filha de 16 anos. Inexplicavelmente. As duas meninas eram filhas únicas. (Todo filho é único.)

Meus amigos não as perderam para a violência, para uma doença, para um momento de irresponsabilidade ou de falta de lucidez. Eles sequer as perderam para um acidente ou para uma negligência. O fortuito no caso de suas perdas atuou de maneira ainda mais terrível. E colocou diante de todos nós – amigos, familiares, conhecidos – uma situação ainda mais intolerável. As meninas simplesmente, num determinado momento, fecharam os olhos e deixaram de viver.

Eles não tiveram um elemento para culpar por suas perdas. Nem um desconhecido, nem eles mesmos, nem o azar, nem as próprias meninas. Eles poderiam, portanto, com toda justiça, se revoltar contra tudo, contra todos, contra o que enxergamos e contra o que não enxergamos.

E ambos tiveram uma reação espetacular. Serena. Cálida. Superior. Como se aquele calvário estivesse sendo uma lição, um processo de engrandecimento, quase uma espécie de iluminação. Como se a relação de ambos com as filhas não tivesse acabado – mas evoluído para outro nível.

Eu olho para eles com admiração. Tento aprender um pouco com a experiência terrível por que passaram – e que provavelmente vai lhes acompanhar para sempre. E com o jeito admirável como estão conseguindo lidar com essa dor que, segundo dizem, é a pior que um ser humano pode sentir.

Demorei um bocado a entrar em contato com os dois. Nessas horas, minha tendência sempre é pensar que o sujeito quer ficar sozinho. Que, como não tenho nada para dizer que vá fazer alguma diferença, o melhor é ficar quieto. A sensação de impotência, de não poder reverter a situação, me imobiliza. Sempre acho que vou atrapalhar, que vou incomodar, que vou profanar o luto, que vou tomar um tempo que não merece ser gasto comigo. Sempre penso que expressar meu estarrecimento não vai ajudar em nada um sujeito que já está estarrecido. Como se entrar em contato fosse engatar uma válvula de escape *minha* em alguém que já está para lá de sobrecarregado.

Mas sei que estou errado. Nessas horas, a conexão, a solidariedade, a proximidade, o apoio e as demonstrações de carinho, de cumplicidade, de afeto e de amor são terrivelmente importantes. A pior coisa, numa hora dessas, é imaginar-se sozinho na dor – quando você, definitivamente, não está. Estender uma mão, oferecer um ombro são gestos que ajudam o sujeito a entender que ele tem com quem contar em seu martírio.

Meus amigos sofreram mais do que seria razoável alguém sofrer. E continuaram caminhando. Com uma dignidade, uma altivez, uma grandeza difíceis de entender ou de explicar. E mais difíceis ainda de reproduzir.

Assim eles derrotaram, em nome de todos nós, um sofrimento que, se se abatesse sobre mim, e aqui imagino o inimaginável, talvez me paralisasse de modo permanente, talvez não fosse passar nunca, talvez acabasse comigo de uma só vez.

Escrevo sobre isso para que eu mesmo possa enxergar com mais clareza a arte de ir adiante. E para que você, que às vezes se sente derrotado por circunstâncias bem menos graves, saiba também que é sempre possível seguir vivendo.

Sobre as grandes injustiças da vida

Meu amigo Ken está doente. E não devia ser assim.

Conheci Ken ainda mais menino, em Kyoto, no Japão, por volta de 1996. Eu tinha uns 25 anos. Ken teria uns 20.

A gente jogava bola às margens do rio Kamo, que corta a capital milenar do Japão. Éramos um bando de estudantes estrangeiros. E eu tratei de organizar uma pelada, conceito novo para a maioria dos japoneses.

Meu time era um luxo: tinha um russo e um israelense, dois tanques, na defesa. Um francês, um alemão e um búlgaro (os búlgaros são considerados os "brasileiros" da Europa), craques de bola, no meio-campo, e um ataque rápido e poderoso com caras de Camarões, Costa do Marfim e Gana. Fora a latinada, que não jogava muita coisa, mas todo mês mandava buscar um pedaço generoso de carne da Austrália (uma quase picanha) e fazia assados deliciosos, ao ar livre mesmo, sempre ao lado do rio Kamo e regados a cerveja, salsa (o ritmo caribenho) e guacamole.

Ken se aproximou da gente porque era um apaixonado pelo Brasil e por futebol. Nossa informalidade não entrava na cabeça de muitos japoneses – em compensação, entrava fundo no coração de *alguns*. Ken era um desses caras. E era um cara muito especial: tinha vindo jogar no Brasil no projeto que o ex-zagueiro Oscar, do São Paulo e da Seleção Brasileira, tinha (talvez ainda tenha) para intercâmbio de jovens japoneses interessados no nosso futebol.

Ken havia casado com uma brasileira. Era fã de Zico. E jogava muito. Ao estilo do Galinho de Quintino. Tinha a ginga e a malícia do futebol brasileiro. Força física e precisão. E um sorriso carioca, talvez baiano, sempre de bem com a vida.

Ken nos conquistou rapidamente. Era uma encarnação nipônica do universo temático de Jorge Benjor – Fio Maravilha, Babarauma, alegria, harmonia, simpatia, energia.

Não via Ken há mais de 10 anos quando descobri que ele estava doente. Muito doente. Vi a foto do meu amigo num quarto de hospital, preso a um saco de soro, e não pude me conformar. Não o reconheci sem o meião, a chuteira, o calção, a camisa de time. Só o sorriso ainda era o mesmo.

Ken estava com leucemia. Tentou um primeiro transplante, com seu irmão. Não deu certo. Tentou um segundo transplante, com sua irmã. Não deu certo. Estava fazendo um tratamento duro de quimioterapia para tentar um terceiro transplante.

Ken compartilhava o diário de sua guerra particular em um blog. E nós, seus amigos, financiamos a publicação de um livro em que ele contaria a história completa, e os bastidores, do jogo dificílimo que estava jogando, com o mesmo brilho no olho e o mesmo coração de guerreiro de sempre.

Ken virou um samurai. Mas eu gostaria de ter de volta o Ken boleiro. O Ken que eu conheci, de novo enfiando gols e trotando com carisma e leveza sobre gramas, terrões, carpetes e afins. Ken virou um guerreiro, empunhando a bandeira de si mesmo, um cara que continuava encontrando forças para não desistir nunca (como bom brasileiro), nem mesmo diante do salto impossível e da acrobacia irrealizável.

Torci muito por ele. Pensei nele com carinho. Com amor. Com saudade. E me dei conta de como a vida pode ser injusta. A pior das notícias pode ser dada a qualquer momento à melhor das pessoas. As provações mais cruéis podem ser impostas às mais doces das criaturas. Na mão contrária, as piores pessoas do mundo podem a qualquer momento ser presenteadas com jazidas de sorte infinita. E podem cruzar pela existência fazendo o mal e se dando bem, década após década.

Em Ken, eu ganhei um irmão. E perdi um irmão.

(Para Kenichi Kyogoku, 17 MAI 1975 – 7 JUN 2011, com amor.)

Carta à moça que está pensando em acabar com a própria vida

Minha amiga, eu pensei um bocado em você. O suicídio, como todo tabu, seria mais bem compreendido por todos nós se o debatêssemos mais, se falássemos mais sobre ele. A gente não fala sobre essa decisão radical e derradeira de pôr um ponto final em si mesmo. Então o entendemos de maneira mais estreita e rasa do que poderíamos. Exatamente por isso, o que vou lhe dizer a seguir é apenas o que *eu* penso a respeito.

Na vida, devemos regular nosso motor para rodar com apenas um tipo de combustível: a estima que temos por nós mesmos. No fundo, só podemos contar mesmo é conosco. Nossos pais morrem – e não necessariamente nos amam como gostaríamos. Nossos companheiros vêm e vão, chegam e vão embora – é assim que funciona. Nossos filhos também – quando os temos. Eles são do mundo, não são nossos – como reza um dos tantos clichês sobre a maternidade e a paternidade que expressam a mais pura verdade. Os amigos, da mesma forma, estão sempre passando, estamos apenas cruzando com eles pela vida.

No fim das contas, a única pessoa que estará com você na hora da morte, seja ela natural, por acidente ou planejada, será você mesma. E a única pessoa que lhe acompanhará vida afora, por todos os momentos, incondicionalmente, também será você.

O que quero dizer com isso: a relação mais importante que você tem a nutrir na vida é com você mesma. Você precisa fazer coisas que a façam ter orgulho de si. Para isso nada melhor do que estar perto de quem você gosta – de quem goste de você de volta. E se engajar em projetos que lhe tragam de volta a alegria de viver – essa, que você alega ter perdido.

É sua obrigação ajeitar a sua vida de um modo que lhe dê prazer, que lhe faça sorrir. Precisamos ser nossos melhores amigos, precisamos aprender a cuidar de nós mesmos. Mesmo a pessoa que mais a ama nessa vida entrega a você só uma fração da sua afeição e da sua atenção. Você, em contrapartida, ocupa, para o bem e para o mal, 100% do seu próprio radar. Você acorda e dorme consigo mesma. Então essa relação tem que ser boa – ou a melhor possível.

Essa é a primeira coisa que tenho a lhe dizer: o problema e a solução estão sempre dentro da gente. A fonte da angústia nunca está lá fora, nos outros, como gostamos de acreditar. As coisas não são como elas são – elas são como a gente as vê e as sente.

Outro ponto: a autoestima começa pelo item mais básico – ser capaz de viver de modo independente. Ser um indivíduo autônomo, que não *depende* de ninguém para existir, que está com os outros porque *quer*, não porque *precisa*.

Isso significa duas coisas: no plano emocional, não coloque a sua felicidade no colo de outra pessoa. É preciso ter a capacidade de ficar sozinho. E, sobretudo, a capacidade de trocar de parceiro quando esse for o caminho, de procurar outros companheiros que lhe façam mais feliz. Sua vida e sua felicidade pertencem a você e a mais ninguém. É preciso ainda ter a capacidade de ser trocado pelo parceiro, por outra pessoa, à sua revelia, e, por mais que isso doa, seguir vivendo.

No plano do dia a dia, ser um indivíduo autônomo significa não colocar a sua sobrevivência no bolso de outra pessoa. Não ser capaz de pagar as próprias contas, de gerar o próprio sustento, é uma fonte inesgotável de sentimentos que não colaborarão em nada com o respeito que você precisa sentir por si mesma.

Você tem medo da vida, de crescer, de tomar as rédeas da sua própria existência, de assumir responsabilidades, de enfrentar o mundo e as suas intempéries? Eu também! Bem-vinda ao clube!

Enfrente seus medos. Não há alternativa: encare tudo aquilo que lhe paralisar. Não deixe que o pânico assuma o controle. Nunca. Contra-ataque. E lembre-se, acima de tudo, que o caminho é longo. E que as coisas nunca são fáceis – para ninguém. O jeito de avançar pela estrada é dando um passo de cada vez. Galgando um degrau depois do outro.

Por fim, a ideia do suicídio, quando se impõe de fato a uma pessoa, me parece sempre como um breu que a impede de enxergar todas as milhares de possibilidades sensacionais que há à sua frente e ao seu redor.

A ansiedade, a depressão, o vício da tristeza, a grande angústia, a falta de estima por si mesma, o enorme receio de sair do lugar – tudo isso escurece a visão da gente. Acredite: não existe, na espécie humana, uma situação do tipo "não há saída". A vida e o mundo estão cheios de *saídas* para todas as situações. E quando elas não estiverem lá, à vista, a gente inventa uma saída nova. Veja:

Há 3 bilhões de homens no planeta para você namorar, flertar, transar, casar, esnobar, beijar, fornicar, conversar, curtir.

Há mais de 3 bilhões de mulheres – caso seu paladar seja amplo o suficiente.

Há pelo menos uns 50 países fantásticos para você conhecer, trabalhar, estudar, ir ver qual é, dar um tempo, imergir, recomeçar.

Há centenas de atividades para você conhecer, se engajar, aprender, dominar, amar, nas quais se desenvolver, se realizar, fazer diferença.

Me diga: do que você gosta? O que lhe faz feliz?

Você precisa se conhecer. E ouvir e acatar os pedidos que está se fazendo.

Corra atrás de si mesma – e não para longe de si.

Caminhe em direção ao sol – e não à noite. Trata-se de uma escolha. Está na sua alçada deliberar sobre isso.

Me parece que, no seu caso, é hora de começar a viver. E não de acabar com a própria vida.

Perceba como uma vida é curta demais para todas as possibilidades que a existência tem a nos proporcionar. Você tem a sorte de ser gente – de não ser uma pedra ou uma minhoca. De ter dentro da caixa craniana um cérebro que a evolução demorou milhões de anos para construir e depurar. Sinta-se feliz com isso. E use-o sem dó.

Saia da inação, da inércia, e trate de aproveitar o seu tempo para deixar uma marca por onde passar. Sua vida é um romance que você escreve todo dia. Corra o risco de colocar pimenta nessa trama.

Nada disso é fácil de fazer. Algumas delas, para a maioria das pessoas, são coisas difíceis de realizar sozinha. Bons psicólogos estão aí para isso mesmo.

Agora, se você está tentando mandar um recado a alguém, usar talvez de chantagem com outra pessoa ao tocar nesse assunto tão nevrálgico, colocando a si mesma como isca do blefe, na tentativa de angariar compaixão e amor, ou de se vitimizar para gerar culpa no outro, aí lhe digo que o jeito mais eficaz de dizer alguma coisa a alguém é simplesmente procurar essa pessoa, olhar no olho dela e falar aquilo que está trancado dentro de você. De modo reto. Ouvindo o que ela tem a dizer de volta. E tocar a vida. Sem raiva nem remorso, sem sentimentalismo e sem autocomiseração – coisas que não levam a lugar nenhum.

Boa sorte em tudo, querida. Desejo a você uma vida longa e feliz.

Você está morrendo. Mexa-se

Quer fazer alguma coisa? Faça já. Comece hoje. Não deixe para amanhã. Muito menos para daqui a seis meses. Caia dentro.

Como bem escreveu esses dias um velho amigo meu, "comece depois do almoço e não no ano que vem", se referindo aos projetos fundamentais que a gente acaba empurrando com a barriga.

A verdade é que você não tem tempo. Ninguém tem. Não há tempo. Tempo é o bem mais escasso para um ser humano. Vivemos, quando tudo dá certo, 80 e poucos anos. Desses, só uns 40 ou 50 são realmente produtivos. Os primeiros 20, no mínimo, são de investimento, de formação, de esforços para a primeira decolagem. Os últimos 10, de desinvestimento, de despedidas, de preparação para o pouso e para o desligar dos motores. Então você tem só quatro ou cinco décadas para fazer o que quer que deseje fazer. Parece muito. Mas é muito *pouco*. Pouco demais.

Pense em 600 meses. Uma ninharia. Considerando que você passa um terço do tempo dormindo – e é bom que o faça se quiser de fato viver seus dias até o fim –, já são só 1600 semanas em vigília. Depois, babau, você já era. Já foi. Acabou. (Quantas dessas 1600 semanas você já gastou? Quantas delas você investiu no que realmente interessa?)

Dentro dessa curta contagem regressiva, você planeja achar um amor, constituir uma família, ter filhos, vê-los crescidos, saudáveis, se formando, encontrando seu lugar no mundo, lutando suas batalhas felizes, construindo seu caminho pela vida.

Depois disso você sonha ter netos. E poder brincar com eles com tranquilidade, podendo lhes oferecer apoio – inclusive financeiro. (Você deseja ao menos não pesar sobre os ombros dos seus filhos e netos quando o outono da vida chegar para você.)

Antes disso, você quer comprar uma casa bacana, ter um carro legal. (Talvez até um *muscle car*, ou uma *chopper*.)

Você deseja um bom emprego. Quer ser promovido, ganhar dinheiro, angariar reconhecimento. Ou então empreender, abrir um negócio, ver como se sai como empresário. Seja como for, deseja uma carreira feliz, com realizações, uma passagem relevante pela vida profissional.

Você sonha viver paixões, ter bom sexo, conhecer outros países, provar outras comidas, bons vinhos, estudar fora.

Quer aprender a cozinhar, a lutar capoeira, a falar italiano, a tocar violoncelo – porque acha isso tudo bonito.

Você deseja ter bons amigos, jogar bola com eles (depois, quem sabe, tênis). Quer rir da vida, quer paz para dormir à noite e disposição para sair da cama pela manhã.

Essa é uma linha mais ou menos reta, encadeada. E absolutamente lógica – é justo que você sonhe com tudo isso.

Apesar de já haver aí um belo número de conquistas para apenas 1 600 semanas, pense por um instante em todos os atalhos e estradas vicinais pelos quais você poderia se aventurar...

E aquele sonho de viver de música, de investir para valer na carreira artística com a sua banda? (Ou na literatura se você escreve, ou nas artes plásticas se você pinta?)

E aquela ideia de jogar tudo para cima e recomeçar num outro lugar, fazendo outra coisa? De viver na praia ou no mato.

De ir ajudar gente na África ou no Nordeste brasileiro ou na favela ao lado da sua casa?

E todos os lados B que você foi colecionando – e negando – vida afora? Pense em todos os caminhos alternativos que você deixou para trás, em cada bifurcação da estrada, ao escolher pelas sendas que lhe trouxeram até aqui e que, portanto, se tornaram oficiais para você.

O que você vai fazer com isso tudo?

Quando você vai começar?

Normalmente, o sujeito só se dá conta do quão valioso é o seu tempo quando já lhe resta pouco tempo para administrar. Quando o espaço de manobra já é estreito.

Mas nunca é tarde para começar. O tempo de começar é sempre *agora*. Quanto antes você meter o pé na estrada, a *sua* estrada, qualquer que seja ela, melhor – especialmente se você estiver se sentindo atrasado. Em alguma medida, estamos sempre *atrasados*. Você está morrendo. Desde que nasceu. Assim como eu. E a cada dia que passa você e eu estaremos um pouco mais mortos. Então levante daí agora. Não há tempo a perder.

Está com medo de mudar?

Encontro meu amigo numa festa. Fazia tempo que não nos víamos. Ele me conta do quanto está feliz. De como mudou a sua vida para melhor. Sua aparência está ótima. Você vê na pele e no brilho do olho da pessoa quando ela está vivendo um momento bom.

Ele tem 40 anos. Trabalhava há 23 anos no setor financeiro de uma grande empresa. Contas a pagar, recebimentos, administração de grana daqui para lá e de lá para cá. Entrou lá como estagiário. E foi crescendo. Ou ficando. Aquele primeiro emprego se tornou uma carreira. E também um grilhão.

Com o tempo, foi percebendo o que queria da vida. Seu coração não estava em finanças. Estudou arte. Obteve um diploma. Veio um casamento. Vieram os filhos. E ele fez o que a maioria de nós faria – se amarrou ao que tinha na mão. Um holerite, um plano de saúde, um vale-refeição. Para não correr riscos, correu o maior dos riscos – negar o que a sua voz interior estava lhe dizendo. Isolou a vocação que descobrira em si na caixinha dos desejos inoportunos, que guardamos no porão.

Ele sabia que aquele trabalho não era o que desejava para si. Mas era o que lhe parecia mais seguro. E um marido, um pai, precisa ser sensato. Precisa ser responsável e consequente. Precisa prover. E se sacrificar pela família, se preciso. Então conviveu muitos anos mais com aquele cotidiano. Engordou. Encontrou um companheiro no cigarro. E começou a beber um tantinho além do que seria recomendável.

Seus filhos cresceram. O casamento se desfez. E aos 40 ele tomou a decisão de pedir demissão. Com mais 12 anos no escritório, ele já estaria pronto para se aposentar. As pessoas lhe diziam que sossegasse o facho, que tivesse bom senso. Mas ele não tinha mais 12 anos para dar. Ele já tinha sossegado o facho por tempo demais. E bom senso, bem, isso ele tinha de sobra: trocou o Excel pela lousa.

Passou a dar aulas de arte numa escola pública, fazendo uso da licenciatura que estava há muito no fundo da gaveta, mas que não tinha sido esquecida. E na Brasilândia, bairro da periferia de São Paulo onde as salas não são refrigeradas e onde não se usa gravata nem em dia de enterro.

Hoje ele dá aula em três escolas próximas da sua casa. Vendeu o carro – se diz um feliz usuário do sistema de transporte público de São Paulo, quando precisa sair do bairro. Parou de fumar. Parou de beber. Desligou a TV – me disse que hoje só a usa para assistir a um filme no Netflix ou para jogar XBOX com seu filho do meio, de 16 anos, que mora com ele. Ocupa todas as suas manhãs com as classes. E tem as tardes e as noites livres para fazer o que quiser. Inclusive estudar arte.

Eu o cumprimentei efusivamente por ter tido a coragem de fazer tudo isso por si mesmo – coisa que a maioria de nós não tem a coragem de realizar. E tentei lhe apoiar, e lhe confortar, dizendo que, afinal, dinheiro não é tudo na vida.

Foi quando ele me atalhou, dizendo – "Adriano, eu estou ganhando mais agora..."

Sem mais.

6 SENTIMENTOS FAMILIARES

Inimigos íntimos

Às vezes você se sente embaraçado com suas próprias conquistas?

Você teve um ano bom e não tem para quem contar, não tem espaço para celebração, porque nas suas relações só os outros interessam, e não você? O protagonismo sempre é dado ao seu interlocutor, nunca a você, e quando ele está chateado você tem que ficar chateado, e quando ele está feliz você tem que ficar feliz? É sempre sobre o outro, e nunca sobre você?

Se você sair da modéstia e da contrição e sorrir de felicidade e estourar uma champanhe, será tomado por insensível e egoísta. E será acusado de não ser solidário com o sofrimento alheio. De não ser companheiro.

E se você estiver acabrunhado, e não conseguir entrar no clima de euforia do outro, será tomado por insensível e egoísta. E será acusado de não ser solidário com a alegria alheia. De não ser companheiro.

Tem gente à sua volta incomodada com seu sucesso no trabalho? Isso é comum. Esteja preparado. Mas... e na família? Seu pai ou sua mãe compete com você? Seu marido ou sua mulher se constrange – e lhe constrange – sempre que você vai bem? E lhe abandona sempre que você vai mal? Rola uma resistência sutil – mas absolutamente perceptível – à sua influência? Seus filhos se sentem oprimidos com seus êxitos?

Os outros se incomodam com a estatura que você adquiriu? E querem, consciente ou inconscientemente, lhe trazer para a média, para que você não se sobressaia, como naquela fábula dos pregos, que têm de estar enfiados uniformemente na tábua, e aquele que não estiver vai tomar martelada na cabeça até ficar conforme, igualzinho aos demais?

A partir de determinado ponto da sua trajetória, diante da impossibilidade de moldá-lo, as pessoas recolherão as cordas com as quais tentaram lhe imobilizar – e restará só o rancor silencioso diante daquilo que você se tornou. Esse sentimento tóxico poderá vir de um irmão, do olhar afiado de um primo, de um comentário da sua sogra.

Mas até você atingir esse patamar de não retorno em sua trajetória bem-sucedida, quando as pessoas desistirem de lhe travar e tiverem que admitir suas vitórias, você terá muita gente se debatendo à sua volta, incomodada com as coisas que vão dando certo em sua vida, doidas para achar o seu interruptor e apagar a sua luz.

Ou então pode ser um ex-colega de escola que se sente diminuído a seu lado – à revelia do que você faça ou deixe de fazer. Pode ser a mulher de um amigo, ou de um parente, que se sente diminuída, mordida, provocada pessoalmente, por ter casado com um cara que ela coloca em competição direta com você, à revelia dele e de você, gerando uma situação explosiva o suficiente para mandar tudo pelos ares – ou pior: para implodir tudo silenciosamente.

Preste bem atenção a isso tudo. Saiba que é assim. Não é impressão sua. É verdade. Pode estar acontecendo nesse momento.

Às vezes o inimigo mora ao lado. Frequenta sua casa. Come churrasco com você. Bebe junto. E torce contra.

Às vezes o inimigo é íntimo. Senta à mesa com você. Dorme com você. Divide seu banheiro. Inundado na própria bile.

Não esqueça: o fogo mais letal que existe é o fogo amigo. Aquele que você não vê chegando, porque vem pelas costas.

Carta de amor ao meu pai

Meu pai tem um filho de meia-idade.

Um filho só.

Um homem grisalho.

Acho que meu pai tem razoável orgulho de mim.

Não dei muito trabalho, não pequei nos pontos essenciais. (Creio eu.)

Temos nossas diferenças. Mas tenho a impressão de que nossas parecenças são muito mais marcantes.

Talvez nossas diferenças sejam irrelevantes, apenas aquelas óbvias, geracionais. Ou simplesmente aquelas inevitáveis entre duas pessoas que, afinal, são diferentes uma da outra. Ou então talvez nunca tenhamos falado suficientemente sobre nossos hiatos e nossas desconexões.

É possível que, da mesma forma, nunca tenhamos falado muito sobre nossas semelhanças.

Não sei se por constrangimento ou negligência. Ou somente porque somos assim e essa foi a relação que conseguimos construir.

Sempre fomos um tanto confidentes, um em relação ao outro. Mas para assuntos envolvendo terceiros. Raramente nos abrimos acerca da nossa própria relação, dos temas que teríamos a resolver um com o outro. (E é justo dizer que, nesse campo, talvez ele tenha se aberto mais comigo do que eu com ele. É possível que o meu papel nessa meia trava emocional, nessa retração afetiva, seja maior que o dele.)

Mas somos como podemos ser. E as coisas são como são.

No fundo, acho que está bem assim. Esse nosso jeitão, é verdade, já nos distanciou um pouco em alguns momentos da vida. Mas encontramos, de algum modo, com o passar dos anos, um ponto de equilíbrio. Um platô bem agradável onde repousar tudo o que já nos dissemos (ainda que sem palavras) e tudo que jamais vamos conseguir nos dizer.

Temos, ultimamente, quero crer, expressado mais o carinho que sentimos um pelo outro. Temos conversado bastante. Temos conseguido verbalizar mais os pontos em que discordamos. Temos dado boas risadas juntos.

É um pouco como se tivéssemos combinado tacitamente que, ao invés de tentar encher aquele espacinho eventualmente vazio da gaveta, fosse melhor nos dedicarmos a curtir o tanto de coisas que conseguimos colocar dentro dela.

É uma relação que permite que digamos tudo? Temos diante do outro aquela tranquilidade, aquela sensação boa de cumplicidade, de podermos enunciar qualquer coisa? Acho que não. Talvez venhamos a construir isso um dia. Talvez não.

Mas quem tem uma relação completa e perfeita com seu pai ou sua mãe – ou com qualquer pessoa que seja?

Quem pode dizer, de peito aberto e de cara limpa, que as relações com os pais não são as mais complicadas, as mais misturadas, as mais duras de compreender e de levar?

Por que é tão difícil dizer "eu te amo" ou "não gostei do que você fez"?

Se disséssemos isso, se fosse fácil dizê-lo, talvez tudo fosse mais simples.

Entre mim e meu pai, há ao menos uma certeza reconfortante: um terá sempre pouso garantido na casa do outro.

Há sempre um uísque antes de uma refeição gostosa, um vinho nas noites frias de inverno, uma cerveja gelada nas tardes quentes de verão.

Tem sempre um churrasco no braseiro, tem sempre uma boia sobre o fogão das tantas cozinhas que meu pai já teve na vida, sempre estrategicamente colocadas perto de um mato, próximas a um rio ou a um açude, seja ele real ou imaginário, encravado no coração do pampa.

Meu pai gosta de broas de milho. Gosta de comida campeira: mandioca, batata-doce, abóbora.

Meu pai faz um tipo mágico de carne de panela acebolada que até hoje eu só comi na casa dele.

Meu pai gosta de mulheres. As baixinhas e carnudas tendem a levar vantagem.

Meu pai gosta de violão e de milonga. E de xotes e de vaneras. Gosta de poesia gaudéria e de cantar.

Meu pai gosta de carros e de adormecer ouvindo rádio AM deitado em sua cama à noite.

Meu pai gosta de bichos – mas não os trata como gente.

Meu pai tem saudade da sua mãe e da sua infância.

Meu pai é um tipo bonito. (Eu gostaria de envelhecer como ele.)

Meu pai é um grande contador de histórias. E tem um senso de humor delicioso. (Duas características dele que eu gostaria de ter herdado.)

Poucas vezes falei do meu pai.

Resolvi falar dele hoje.

O nome do meu pai é João Coragem

Essa semana meu pai vem me visitar. Quer dizer: vem visitar seus netos. Mas é claro que aproveitaremos para tomar uns tragos juntos. Daremos umas risadas boas, cantaremos canções bonitas ao violão. Falaremos da vida. Renovaremos os planos de tocarmos alguns projetos em conjunto – talvez um livro sobre meu tataravô, Maneco Porcina, um gaúcho prototípico que virou lenda na segunda metade do século 19 na região de São Sepé. Oigaletê.

Eu gosto que meus pais venham nos visitar. Gosto que fiquem vários dias. Tenho uma sensação bacana, gregária, de caverna ou de rincão, de conversa em volta do fogão à lenha, ao vê-los aconchegados conosco. Logo eles, meu pai e minha mãe, que nunca foram muito gregários. A geração deles é a da expansão, da ruptura geracional, da diáspora.

É engraçado: meu pai gosta de vir nos visitar no Dia das Mães. Ele sente falta da mãe dele, a avó que eu não conheci. Talvez estar conosco nesse dia seja o seu jeito de lembrar dela, de estar perto dela, e de trazê-la mais para perto de nós.

Meu pai é João Coragem. Tanto quanto Tarcísio Meira – com quem durante anos disseram que ele tinha uma certa semelhança. Só que meu pai foi João Coragem de verdade, na vida real, na virada dos anos 60 para os 70.

Ele era o irmão mais velho e tentou de alguma maneira, a seu modo, conduzir uma dezena de irmãos para fora da pobreza, tentou sacá-los de uma vida rural já sem perspectivas. Meu pai tinha vinte e poucos anos e encabeçava uma longa fila de meninos e meninas, órfãos de mãe (e, de certo modo, a partir dali, de pai também), que enfrentavam, isolados no campo, numa família em frangalhos, o ápice do êxodo rural brasileiro, em que o campo deixava de oferecer uma possibilidade futura.

Meu pai não conseguiu salvar todos de ter uma vida paupérrima – inclusive porque ninguém salva ninguém, as pessoas (com nosso apoio em alguns momentos) é que salvam a si mesmas. Ainda assim, ninguém passou fome, muitos estudaram, alguns chegaram a se formar e a ter empregos razoáveis e, mais tarde, aposentadorias remediadas, escapando um pouco do terreno da pobreza e entrando, ainda que timidamente, no terreno da classe média.

Não é por acaso que a maioria dos seus irmãos o idolatram. (Nem todos, claro, porque onde há amor também há ódio. O rancor em relação a um suposto benfeitor, como uma espécie de lado obscuro da gratidão, como um reconhecimento às avessas, é também uma característica humana.) Seja como for, não é à toa que o confundiam com Tarcísio Meira por muitos anos. Eles também o estavam confundindo com João Coragem.

A partir daí ele fez uma corrida de recuperação digna de aplausos de pé. Retomou os estudos quase aos 30, só com o primário feito. Um supletivo, outro supletivo, dois vestibulares, e aos 40 se formava advogado. Mas seu percurso não estava completo. Ele ainda precisava se provar na nova profissão. Na verdade, seu percurso estava só começando. Ele precisaria ser João Coragem de novo.

E ele o foi, na virada dos 80 para os 90. Desse barco, que também enfrentou tempestades, eu lembro bem – porque estava sentado na proa. Descemos fundo na falta de grana, nas incertezas em relação ao futuro. Tempos cinzas e sombrios. E parecia que jamais seria diferente.

Fiquei muitos anos sem poder contar com ele financeiramente. Bem naqueles anos que são os mais pobres da vida do sujeito – você não é mais criança, mas ainda não virou adulto. Ou seja: os cuidados com você não são mais tão prioritários para os seus pais e você ainda não começou a cuidar da própria vida e a ganhar o próprio dinheiro.

Vivi aquele período magro debaixo do cobertor curtíssimo da minha mãe – que em seguida faria, ela própria, esse mesmo movimento de trocar um emprego menor, pedestre, por uma carreira que ali não ia muito além de um ponto de interrogação. (Sim, minha mãe também foi João Coragem!)

Não sei se meu pai e minha mãe arquitetaram essas condições hostis para que eu caísse logo na pista da vida e saísse correndo por ela feito um louco, atrás da própria sobrevivência. Provavelmente não. Claro que não. Mas, aparentemente, deu certo.

A coragem que ambos tiveram para tomar as suas decisões – ainda que sem me poupar muito das consequências – acabou me impulsionando também. Munido de coragem, ou movido pelo medo, saí da casa de minha mãe aos 22 e emendei a minha própria corrida vida afora – da qual só estou conseguindo baixar um pouco o ritmo agora. (Anote aí: a corrida domina o corredor, se ele deixar.)

Hoje, nesse quesito, eu vivo o dilema do pai de classe média que eu talvez sempre tenha desejado ter e que jamais considerei a hipótese de não ser: até que ponto tudo isso que ofereço aos meus filhos, e que não tive lá atrás, pode subtrair deles ao invés de lhes somar?

É preciso ser João Coragem para ir lá fora todo dia e trazer o bife para casa. Mas é preciso sê-lo ainda mais para fechar a torneira da entrega paterna, de modo a expor seus rebentos a algum tipo de dificuldade e, com isso, fazê-los crescer.

Tenho um baita estômago para a primeira missão. E quase nenhum para a segunda.

A crise dos 40 anos

Num dos meus últimos aniversários antes de completar 40 anos, recebi uma mensagem muito legal do meu pai. Ele fez uma retrospectiva da sua própria vida, inspirado pela idade que eu acabava de completar. É impressionante completar 40 anos. Você chegou à metade. Agora começa a parte final. Deve ser ainda mais impressionante perceber que *seu filho* está completando 40 anos.

Meu pai disse assim: "aos 8 anos, fui para a escola para ser alfabetizado. Aos 18, fui para o quartel, para o Exército, onde aprendi muito. (…) Aos 28 anos, eu já era pai e estava voltando aos bancos escolares, para terminar o primeiro grau de modo a poder cursar o segundo grau. Aos 38, estava numa Universidade Federal, fazendo o curso de direito, e separado da minha primeira mulher. Aos 48, estava formado e começando uma carreira na advocacia privada, e separado pela segunda vez. Aos 58 anos, fizemos aquela festa bonita e inesquecível. Daqui a pouco, já faço 68, e assim a vida vai continuando."

A trajetória do meu pai é espetacular. Ele é um daqueles caras de quem se pode dizer que "venceu na vida". Mudou com as próprias mãos um destino bem raso que estava posto diante dele. Aquela sua mensagem me tocou – porque senti que o estava tocando também, de alguma maneira. E tocar e ser tocado por quem a gente gosta (coisa tantas vezes tão difícil de fazer) é uma coisa muito boa.

Olhei para mim. E tentei repetir o exercício com que ele me presenteou.

Aos 8 anos, fui morar com meu pai, que havia acabado de se separar da minha mãe. Troquei de casa, de amigos, de turno na escola. Aos 18, estava no segundo ano da faculdade, numa cidade nova, ainda estranha, no meio de um monte de gente esquisita que eu queria conquistar, cuja estima e aceitação eu desejava obter com ardor. Aos 28, de volta ao Brasil, depois de um período de estudos fora, troquei de carreira, tive a coragem de correr atrás de uma vocação, de respeitar meu desejo, de seguir o caminho que a minha libido me indicava como norte. Aos 38, virei empreendedor e passei a vender meu talento e minhas competências diretamente ao mercado, sem intermediários. Não tinha mais ninguém cuidando de mim, não havia rede de proteção, senti a barra e a solidão do empresário que carrega uma *startup* sobre os ombros. (E começava lentamente a pegar gosto pela coisa, que é bruta.)

Aos 48, espero estar vivo. E feliz. Mais leve, mais safo, mais seletivo. Jogando minha bola, cultivando o charme das têmporas grisalhas, com mais tempo para fazer as coisas que realmente me dão prazer. Meus filhos estarão com 13 anos. Espero que a nossa relação continue amorosa, íntima, intensa e comprometida. (Que a gente passe juntos pela adolescência deles sem muitas rusgas.) Minha mulher estará linda na sua madureza. Mal posso esperar para pegá-la de jeito ali adiante.

E aos 58, bem, desejo ter meu pai por perto. Para continuar me enviando e-mails que salvam o dia. Quem sabe perto o suficiente para não precisarmos de e-mails, para batermos papo, acompanhados de um bom chimarrão com Pastelina. Não é pedir muito.

(Obrigado, pai. Um beijo bem grande para você.)

TODO SOBRE MI MADRE

Admiro minha mãe por vários motivos. E tenho um orgulho crescente dela por várias razões. Nada disso, no entanto, tem a ver com as motivações que geralmente levam um filho a gostar de sua mãe.

Minha mãe, por exemplo, não cozinha bem. Lembro com carinho de um feijão que ela fazia, e que eu comia com colher de sopa numa cumbuca. Lembro de uma torta de chocolate bem gostosa que ela assava. São relíquias arqueológicas do meu paladar, quitutes bissextos guardados para sempre no baú das minhas recordações gustativas.

A verdade é que minha mãe não gosta de cozinhar. A ponto de ter abolido o fogão e a geladeira em sua casa – usa um fogareiro de duas bocas, uma panela elétrica e um frigobar semi-habitado por pés de alface e litros de leite longa vida. Ela não gosta de comer – e esse é um prazer fundamental para mim, uma alegria de viver que não compartilhamos. A relação que ela tem com comida, salvo raríssimas exceções (quibebe, quem diria, uma delas), é racional: ela se alimenta para fins de nutrição e sobrevivência e ponto. Se pudesse se manter com uma pílula diária, provavelmente o faria.

Minha mãe e eu também não desfrutamos da mesma visão do que é um lar, do que deveria ser uma casa. A relação dela com o lugar onde mora é meramente funcional: a residência tem que ser a menor possível, para custar o mínimo e oferecer manutenção fácil. E deve ter apenas o espaço necessário para abarcar seus livros, e seus recortes de jornais e revistas, e todas as anotações que ela extrai das páginas das publicações que devora.

Recentemente repassei a ela um notebook antigo, que ela vem utilizando como máquina de escrever. Seus pergaminhos, portanto, começaram a ser digitalizados. E ela está gostando de poder mexer nos textos sem ter que riscar, escrever por cima e puxar mil setas pelas margens.

Mas a verdade é que ela adora papel, e tem repulsa pelo mundo da tecnologia e da internet. Ela gosta de ter uma relação intestina (termo dela), orgânica, visceral, física com a sua produção.

Não gosta de máquinas nem de inteligências artificiais. Tudo o que é virtual não lhe apraz. É curioso ver uma integrante tão aguerrida de uma geração tão revolucionária finalmente cerrando fileiras do lado da reação, finalmente abandonando a vanguarda e indo defender os jeitos antigos de fazer as coisas. Em meados do século 21, minha mãe está mais ludita do que nunca.

Minha mãe e eu também não dividimos mais a mesma barricada política há anos. Já participamos juntos de plenárias e comícios. Aí um dia eu fui morar fora do Brasil e comecei a ver tudo de modo diferente. E me tornei um cara que acredita no modelo liberal anglo-saxão: Estado pequeno, governo como árbitro e não como jogador, sistema judicial ágil e imparcial para resolver os conflitos, livre mercado baseado na competição e na meritocracia, menos impostos e mais liberdades (e responsabilidades) individuais etc.

Minha mãe continua sonhando o sonho esquerdista da sua geração. Para ela, a exploração do trabalho pelo capital é indesculpável – o risco do empreendimento, a coragem sublime de se lançar à iniciativa privada, que move o mundo e que pouca gente topa encarar, para ela não justifica de modo algum os lucros que o empreendedor porventura obtenha com o trabalho dos funcionários que decidiu empregar.

Nada disso arranha a admiração que sinto por ela. Ao contrário. Admiro minha mãe, sobretudo, por se respeitar, exatamente por se assumir e ser cada vez mais parecida com a pessoa que ela sempre desejou ser.

Admiro minha mãe por sua independência, por sua coragem de ser ela mesma – desde muito cedo na vida até hoje. Ela saiu de casa aos 17, para nunca mais voltar. Sem nada no bolso ou nas mãos. Rompendo com sua família, com seus amigos, com sua cidade, com sua idade, com seu passado, com tudo que ela tinha sido até ali.

Minha mãe decidiu não casar com um fazendeiro quando isso era tudo que uma menina como ela poderia querer. Quando isso era tudo que seus pais queriam que ela fizesse. Foi sozinha para a cidade grande. Foi lanterninha de cinema, morou em quarto de pensão, viveu a situação de só poder comer uma vez ao dia.

Engravidou aos 19 e considerou interromper a gestação, quando isso era um tabu ainda maior do que é hoje. A minha morte antes de nascer teria sido algo plenamente compreensível, dadas aquelas circunstâncias. Um aborto teria tornado a sua vida muito mais simples, escorreita, menos sofrida. (Claro que agradeço muito o fato de ela não ter tomado essa decisão. Ufa! Assim como agradeço muitíssimo a quem a influenciou a resolver a questão de um modo que me permitiu existir…)

Minha mãe se divorciou aos 27, quando esse era outro tabu enorme no país. Minha mãe, a seu modo, foi Leila Diniz. Raspou o cabelo, usou black power, aboliu o sutiã (recentemente aboliu também as calcinhas – está usando cuecas de algodão por serem mais confortáveis), desafiou os homens, os poderes instituídos por onde andou, as convenções, as instituições.

E leu Shere Hite, *Coojornal*, *Pasquim*, Liv Ullmann, Marina Colasanti, Marisa Raja Gabaglia, Fernando Gabeira, Alex Polari, Ferreira Gullar e mais um monte de gente. Ouviu muito Vandré e Mercedes Sosa. Mais tarde, suas paixões atuais chegaram e dominaram a cena em definitivo: Foucault, Deleuze, Guattari, Artaud, Spinoza.

Minha mãe trocou de carreira com quase 40 e se formou com um camisão multicor que ela mesma costurou, quebrando o protocolo da circunspecta Reitoria, quando todo mundo no palco usava toga – e foi aplaudidíssima pela turma e por toda a plateia ao encerrar dizendo: "Peço desculpas a todos vocês por todas as vezes em que eu não fui suficientemente radical." Eita frase boa. Eu estava lá, mãe, muito orgulhoso de você.

Admiro minha mãe por conviver tão bem com as suas excentricidades. Por assumir suas estranhezas, suas esquisitices, suas etezices. E por dar cada vez mais risada – inclusive de si mesma e de suas idiossincrasias. Por viver cada vez mais do seu jeito. E, como consequência, por viver cada vez mais tranquila e realizada.

Minha mãe é uma vencedora, no plano individual, em meio a uma geração que perdeu a queda de braço no plano coletivo. Devia ter aprendido mais sobre isso com ela – da importância de respeitar o próprio estilo, de defender seus princípios e convicções, de se dar o tempo devido para viver as coisas que importam. Uma das radicalidades mais bacanas dela está na arte de montar a sua vida do jeito que melhor lhe apraz – e não abrir mão disso por (quase) nada.

Admiro minha mãe, por fim, pela avó que ela se tornou. Amorosa, paciente, atenciosa, disponível, generosa. Há sorrisos que os netos inauguraram em seu rosto. Assim com uma maciez maior no toque, da qual não havia registro anterior.

Ela está sendo mãe agora, em certo sentido. E eu gosto de assistir à sua maternidade acontecendo, de algum modo, com meus pequenos. Funciona um pouco como um resgate, para mim. Ademais, quem faz bem aos nossos filhos faz bem à gente, não é assim? Mesmo que seja – por que não? – a nossa própria mãe.

Um café à tardinha com minha mãe

Não moro na mesma cidade que minha mãe há mais de vinte anos. Saí da casa dela quando tinha 22 – e dois anos depois saí do país. A partir daí nunca mais compartilhamos o mesmo código DDD. Contraditoriamente, acho que estamos cada vez mais próximos. A distância física às vezes aproxima as pessoas. Ainda mais se no meio do processo o filho vira pai e a mãe vira avó.

Dia desses nos encontramos do melhor jeito possível – de modo espontâneo, quase de surpresa. Liguei para ela de manhã e disse que tomaria um avião depois do almoço para um compromisso em sua cidade. Eu chegaria às 17h no seu consultório. Seu primeiro paciente só chegaria às 18h. Teríamos uma hora juntos. Assim, de improviso, sem muito planejamento. Do jeito que torna esse tipo de encontro ainda mais gostoso.

Minha mãe, você já sabe, tem os seus jeitinhos, as suas idiossincrasias. E anda cada vez mais feliz sendo quem ela é.

O que é o melhor que alguém pode esperar da vida – estar satisfeito consigo mesmo, com o estilo que inventou para si.

Minha mãe gosta de trabalhar à noite e de dormir de manhã. E não é que arrumou uma clientela que lhe permite trabalhar mais ou menos do meio da tarde até quase a meia-noite?

Minha mãe gosta muito de ler, de estudar. Vive no mundo das ideias. É, antes que tudo, uma filósofa, uma pensadora. Um conceito apreendido para ela vale mais do que uma realidade óbvia e ululante. Se os fatos contradisserem os axiomas, pior para os fatos. (Se minha mãe fosse um ser sexuado, diria que para ela uma boa discussão vale mais do que uma boa transa, mas como minha mãe é virgem essa metáfora não serve.) Temos conseguido lidar bem com nossas diferenças – talvez como nunca antes. Eu fico genuinamente feliz por ela. E fico feliz por mim.

Gosto de visitar sua casa e seu consultório. Ela os decora artesanalmente. Então não é só que eles têm a sua cara – seus lugares representam um pouco o seu interior, expressam o que ela é por dentro.

Descemos da sua sala para um café nas imediações. Queria ir a um lugar tradicional. Não tinha certeza de que eles ainda existissem. (Há um certo gosto de café com leite da minha infância que eu nunca mais vou sentir de novo.) Tomamos nosso café, enquanto a tardinha caía fria lá fora. Gosto muito de bater papos densos com ela – sempre aprendo alguma coisa importante, algo que me permite viver melhor. Mas ali, com o tempo curto, foi legal bater um papo leve, com o objetivo vadio de apenas curtir o momento, dar umas risadas, saber do outro.

Saímos do café e eu pedi para que gastássemos nossos últimos minutos juntos passeando um pouco pelo centro da cidade. Aquele tinha sido o palco do começo da minha vida adulta. Passava por ali, indo e vindo da faculdade, indo e vindo do trabalho, deixando de ser criança para, ainda adolescente, encarar o mundo como gente grande.

No meio daquela massa de pessoas, à tardinha, na batalha áspera da vida, fui tantas vezes mais um. Com 17, 19, 21 anos. Pegando ônibus, tomando chuva, encarando o frio, saindo cedo, voltando tarde, rachando o coco no calor, às vezes com fome ou com sede e sem muita grana para satisfazê-las da maneira como gostaria. Sempre com pressa. Sempre atrasado. (Ou com pressa de tirar o atraso em que julgava me encontrar em relação a outros caras que viviam com mais conforto.)

No meio da massa, navegando com a turba, ralando, eu pensava na menina que não me dava bola, nos livros que eu queria escrever, nos filmes que eu queria realizar. Eu estava preso junto àquela gente, naquela galé pobre. Experimentava grande estranheza e desconforto. Eu não queria pertencer àquele lugar. Tinha a cabeça cheia de sonhos, o peito cheio de desejos e ambições – e queria realizá-los.

Me despedi de minha mãe depois de ela me mostrar o centro cultural onde gosta de assistir a filmes franceses e iranianos. Depois de ela comentar que sua livraria predileta tinha sido comprada por um banco. Depois de eu instá-la outra vez a se conectar à internet – nem que fosse para ler, de vez em quando, o que escrevo.

Deixei-a na porta do seu prédio. Nos despedimos e eu saí dali feliz, sem peso, sem dívida, sem ressentimento, sem pena – nem dela nem de mim. Caminhei mais um bocado pelas ruas gélidas e escuras (e de algum modo aconchegantes também) daquele centro de metrópole que fora tão meu quando eu não o queria para mim. E que agora, quando me era tão distante, eu reencontrava com carinho.

Em meus olhos, um olhar caridoso – que eu talvez lançasse a mim mesmo. Um olhar pacífico. Pacificado. Em paz.

Aquelas lojas, aquelas pessoas, aqueles coletivos, aquelas calçadas e sarjetas, aquele cansaço difuso na atmosfera de fim de dia, aqueles cheiros e paredes e janelas. Eu não era mais parte daquilo. E por isso mesmo eu estava pronto para permitir, mais de duas décadas depois, que aquilo finalmente ocupasse seu justo lugar dentro de mim.

Sobre pais e filhos

O encontro entre avós e netos é sempre um momento mágico e poderoso. Abraços de três gerações, beijos cruzados, olhares cúmplices e randômicos. Todo-mundo-junto-reunido. O amor de meus filhos por meus pais, e o amor de meus pais pelos pequenos, como que renova os meus próprios sentimentos de filho em relação aos meus velhos.

Especialmente para caras como eu, que decidiram morar longe das raízes, esses momentos de reencontro têm sido cada vez mais necessários. Um dia, lá atrás, renunciei a tudo isso previamente. Como se estivesse dizendo: "olha, eu sou do mundo, vou atrás da minha história, escrever a minha lenda, viver a minha vida, até um dia, tchau."

Agora meus pais têm ficado, a cada dia que passa, mais fundamentais. Tenho sentido falta de tê-los por perto. Teoricamente, num momento da minha vida em que eles já não são tão necessários (objetivamente), eles têm se tornado essenciais (subjetivamente). A maturidade tem me tornado mais, sei lá, sensível. E a minha própria condição de pai tem me transformado, quero crer, num filho melhor.

O pai de uma amiga, esses dias, me perguntou: "Você ficaria seis meses sem ver seus filhos?" Estávamos num bufê infantil. Eu olhei para os baixinhos e lhe respondi com firmeza: "De jeito nenhum." Ele me sorriu e disse de volta: "Saiba que seus pais sentem a mesma coisa em relação a você."

E eu parei de mastigar o cachorro-quente que estava em minha boca.

Saudade dos meus filhos

Há tempos fiz o cálculo. E fiquei estarrecido. A conta era surreal. Em dias de semana, eu era o encarregado de levar meus filhos à escola. Então ficávamos juntos mais ou menos das 6h, quando eu saía da cama, até as 7h, quando os deixava no colégio.

Minha mulher levantava um pouco mais cedo para acordá-los (ninguém jamais foi acordado de maneira tão doce na história da humanidade), vesti-los, penteá-los e travar com eles as primeiras conversas do dia.

Quando eram menorzinhos, geralmente tomávamos café – um suco, no meu caso, e meio litro de leite com achocolatado no caso deles – assistindo ou à *Branca de Neve* ou à *Cinderela* ou a *Pinóquio* ou a *Dumbo* ou a *Bernardo e Bianca*. Eu conhecia esses filmes quadro a quadro.

Ao fim do dia, conseguia ficar com eles mais meia horinha. Chegava em casa por volta das 20h e acompanhava os últimos trabalhos deles – banho, pijama, secador de cabelo, mamadeira, escova de dentes – antes de irem para a cama, por volta das 20:30. (Durante essa meia hora, acampados em cima da nossa cama de casal, era religioso: assistíamos juntos ao final de *Barney*, um dinossauro cor-de-rosa, e à boa parte do *Mister Maker*, uma espécie de Daniel Azulay americano, no Discovery Kids.)

A exceção ficava por conta dos dois dias em que eu jogava bola – ia direto do trabalho para o futiba e acabava não os vendo. Nesses dias, o que conseguia fazer era dar um boa-noite carinhoso, com um monte de beijos tardios, na hora em que chegava em casa, quando eles já estavam no terceiro sono. Cochichava coisas em seus ouvidos, não de modo a acordá-los, mas na esperança de que de algum modo eles registrassem aquilo.

Somando tudo isso, percebi que ficava cinco horas por semana com meus filhos pela manhã e mais uma hora e meia à noite. Ou seja: de segunda a sexta, convivia seis horas e meia com meus filhos. É muito pouco. É um absurdo.

Esperava que esse tempo, para lá de exíguo, pudesse ser de alguma forma considerado o tal do *quality time* (ou "tempo de qualidade") – uma espécie de teoria que diz que é preferível passar menos horas com as crianças, mas estar lá inteiro, do que passar muitas horas, mas com a cabeça noutro lugar.

Na dúvida, não quis arriscar. Mudei minha vida para passar mais tempo com eles. Hoje, sou um daqueles caras que podem dizer com alegria e orgulho: "eu vi meus filhos crescerem." Se paguei algum preço por isso, foi tão barato, perto do que ganhei, que nem percebi.

Fui rebaixado. Viva!

Um dia recebi uma carta muito simpática, quase terna, da empresa aérea, me dizendo que eu havia sido rebaixado na hierarquia no plano de milhagem. Uma pérola do marketing direto. O sujeito me cumprimentava, me elogiava, me encorajava, tudo isso em papel-cartão chique, com embalagem bacana, na maior relação de cumplicidade.

A empresa me entregava, com pompa e circunstância, meus novos cartões, em cor diferente – a cor dos clientes que, cá entre nós, já não estão entre os melhores. Eu esperava que eles me ameaçassem, me chacoalhassem pelos ombros, me fizessem ver como sou imbecil por estar diminuindo o relacionamento com a empresa. Mas não: com grande deferência eles me entregavam meus cartões de segunda linha num clima de entrega de prêmio.

Aí eu me dei conta de como era feliz por estar sendo um cliente pior para a companhia aérea. Por ser um viajante menos frequente. Comecei a lembrar da época em que encarei a barra de morar em São Paulo e trabalhar no Rio. Vivia na Ponte Aérea. Foi quando acumulei os pontos que me levaram aos píncaros do universo das milhagens.

Sempre gostei, e ainda gosto, de voar. Acho a experiência toda bacana – dos gestos e penteados das aeromoças ao copo de refrigerante preso na mesinha à sua frente. Mas era muito ruim tomar 6 ou 8 voos por semana. Era muito ruim comer sempre fora de casa porque você não tem uma casa de verdade na cidade onde trabalha. Era muito ruim a imposição de ter que experimentar toda noite a impessoalidade de um hotel.

Sobretudo, era muito ruim ficar longe da família. Lembro de uma vez em que peguei um avião na sexta à noite, o último da escala, só para poder acordar com meus filhos na manhã de sábado. Já ao meio-dia tive que voltar ao Rio. Esse era o tamanho do meu desespero, da saudade, da minha sensação de orfandade em relação a meus filhos.

Hoje eu não aceitaria viver uma situação assim. Na vida é preciso eleger valores inegociáveis, aqueles que lhe fundam como pessoa. As decisões de carreira, bem como todas as outras, devem se adequar a isso.

Sobre vencedores e perdedores

Nos meus momentos de maior insegurança financeira, real ou imaginária, lembro de olhar para os outros pais na escola dos meus filhos, e de me sentir um provedor incompetente.

Eu olhava para os carros que eles dirigiam, para as roupas que vestiam, para a tranquilidade e a confiança com que caminhavam em direção às suas rotinas, aos seus trabalhos, e me sentia inferior.

Não porque meu carro fosse pior que os deles. Nem porque me sentisse oprimido por qualquer outro de seus sinais exteriores de riqueza. O que me incomodava ali era o fato de eles parecerem estar com a vida encaixada – e eu estar intranquilo em relação à minha.

Eu não estava confiante. Digladiava com um sentimento de instabilidade no trabalho – e as carreiras daquela gente toda pareciam ser um aconchego só. O contraste que me arranhava ali era a minha capacidade supostamente menor de sustentar o meu *status quo*.

Eu não sabia até quando poderia garantir o padrão de vida que dava aos meus filhos. Não sabia, sequer, até quando poderia oferecer a eles acesso àquela escola. Ou a qualquer outra boa escola. Não invejava a vida nem a condição dos outros pais. Nem seus sapatos ou relógios. Apenas me sentia menos capaz, menos seguro, menos sólido. Os filhos dos outros pareciam ter pais mais sólidos, seguros e capazes.

Até que numa festinha de aniversário, entre salgadinhos e refrigerantes, um daqueles pais me contou sua história. Muito mais cheia de altos e baixos do que a minha. Com mais instabilidades, intempéries e incertezas.

Falamos longamente sobre carreira, sobre vida executiva, sobre empreendimento, sobre ambiente de negócios, sobre mercado de trabalho, sobre crise financeira, sobre oportunidades, sobre tombos, retomadas e voltas por cima.

Ele tinha perdido a empresa há três anos. Havia ganho um bom dinheiro durante um bom tempo. Depois, perdeu competitividade e clientes e o próprio negócio. E a vida seguiu. Há dois meses, havia perdido o emprego. E a vida continuava seguindo seu curso. Perguntei se perdia o sono à noite às vezes e ele apenas sorriu.

Aquele sujeito se humanizou de um jeito vertiginoso, ali, à minha frente. Me fez ver, com sua história, e com a relativa leveza com que lidava com todos aqueles eventos de sobe e desce em sua vida profissional, que eu estava alimentando toda manhã uma tristeza descabida, baseada muito mais em baixa autoestima do que em fatos.

Curiosamente, não o considerei menos competente como provedor. (O meu chicote só serve para mim, não para os outros.) Ao contrário: admirei sua coragem, seu ímpeto, sua trajetória. (Essa régua positiva, na mão contrária, só vale para os outros, não vale para mim.)

Ou então simplesmente fiquei aliviado pelo fato de o sujeito não ser tão vencedor quanto eu projetara. Ou então apenas fiquei secretamente feliz por saber que ele não estava tão por cima – o que em contraste não me deixava tão por baixo.

Se isso for verdade, ainda que apenas em parte, trata-se de uma baita vergonha para mim – e para o jeito como eu olho para o mundo, para os outros e para mim mesmo.

Eu, meu filho, minha filha e um terreno baldio

Meus filhos estavam à beira de completar 4 anos. Já tinham colocado os dois pés (tamanhos 27 e 28, à época), naquela fase em que não são mais "bebês" e começam a agir como "crianças".

É assim: um belo dia eles acordam autônomos, pensando livremente, fazendo lindas associações por conta própria, chegando a conclusões bastante pessoais, confrontando opiniões e pontos de vista com os quais não concordam.

Começam a dar mais trabalho intelectual, claro. Eles passam a demandar mais paciência e compaixão. Querem explicação para tudo – para questionar cada um de meus "porquês" logo na sequência.

Por tudo isso, eles nos cansam mais, em todos os sentidos. Exasperam seus pobres (e afortunados) pais. Brilham intensamente, diante de nossos olhos, nesse desabrochar das suas individualidades.

Eu me surpreendia com eles a todo momento. Ria com as suas tiradas, me encantava com cada palavra inédita, com cada novo raciocínio. Me emocionava (de encher os olhos d'água mesmo) com coisas que eram só deles, que eles absorviam do mundo, que tiravam sei lá de onde.

Ficava para trás a fase em que tudo vinha de mim, ou de minha mulher, e acontecia dentro da família. Meus filhos se tornavam maravilhosamente incontroláveis. Deixavam de ser extensões da minha vontade. Estreavam como pessoas que não me pertenciam, como individualidades alheias a mim.

Não sabia como seria a infância deles. Imaginava que a tecnologia, a virtualidade, o mundo digital e a assepsia seriam alguns dos pilares sobre os quais suas brincadeiras e descobertas iriam se desenrolar.

Por tudo isso fiquei muito feliz ao apresentá-los, num condomínio fora de São Paulo para onde fugimos sempre que possível, a um terreno baldio. Ali os permiti brincar num monte de areia. Ao lado de um monte de terra vermelha. (Onde me criei a terra era preta. Mas isso não importa. Importa poder se esfregar nas carnes do planeta.) Tinha brita espalhada pelo chão. E tábuas abandonadas. E vigas de ferro. Escombros de uma construção – que talvez ainda nem tivesse começado.

Lembro que, quando criança, gostava de cavucar um buraco no monte de areia, até enfiar quase todo o braço lá dentro, e depois imaginar que aquilo era uma caverna ou um túnel ou uma garagem. (Havia muitas construções em curso no Brasil, nos anos 70, quando eu tinha mais ou menos a idade que meus filhos tinham naquele momento.)

Os dois se divertiram escalando o monte de areia e escorregando lá de cima – eles testaram, ali, com sorriso aberto na cara, todas as formas conhecidas para sujar bem uma roupa.

Havia também, no terreno, um valo cheio de água, onde nos dedicamos a atirar pedras. Todo terreno baldio que se preza tem um laguinho como aquele. Além de tijolos esparsos, escarros de cimento sobre a grama, cacos de azulejo esquecidos pelo tempo.

(Quando eu era guri, havia muita coisa valiosa no chão: peças metálicas de alguma engrenagem misteriosa, restos de embalagens de produtos que desconhecíamos, bolas de gude perdidas, páginas de publicações fascinantes, rolando ao sabor do vento. Coisas que a gente guardava no fundo do bolso e dentro do coração.)

Terrenos baldios são portais para um universo paralelo. São o reino das crianças sonhadoras. O parque de diversões das crianças que não têm acesso a parques de diversões construídos por adultos – e que têm de construir o seu próprio.

Foi bom ter podido dividir com meus filhos um pouco da atmosfera de abandono, de arrabalde, de aventura e de território a ser desbravado que só um terreno baldio pode oferecer. Onde há sempre bananeiras pelos cantos, e a companhia de um sinamomo que oferece sombra e munição, junto com as mamonas, para as guerrinhas que só terminam depois do sol de pôr. Gostaria que esse sol não se pusesse nunca.

Minha filha sem mim

Tomava um café na padaria. Cedo. Sozinho. Com o notebook aberto à minha frente. Fazia frio. Respondia e-mails. E digladiava com a preguiça de abrir o PowerPoint para finalizar mais uma proposta comercial. Das várias que se acumulavam no meu *pipeline* (um jeito chique de dizer "gaveta" ou "fila"). E que depois iriam repousar noutro *pipeline*, o das propostas enviadas, à espera da aprovação dos clientes. Em certas manhãs de sol, quando o ar ainda é fino em São Paulo, tudo é mais bonito. Mais poético. E mais triste.

Então uma menina sentou-se numa mesa, no outro lado do salão. Na verdade, uma mulher. Talvez tivesse quase a minha idade. Ou fosse até um pouco mais velha do que eu. Por algum motivo, enxerguei nela, ali, a minha filha – só que daqui a 40 anos.

Imaginei minha filha entrando numa padaria, para tomar café da manhã. Não sei por que, projetei essa imagem naquela moça, naquele momento. Não sei por que, foi o que aquela moça me evocou com sua presença, seu cabelo, seu jeito de andar.

Vi ali a minha filha, daqui a quatro ou cinco décadas, quando provavelmente não estarei mais por aqui, vivendo mais um dia em sua vida, com seus projetos, suas preocupações, sua rotina, seus sonhos, suas alegrias, suas atribulações. Minha filha sem mim.

Se você me permite a franqueza, e, talvez, a fraqueza, confesso que senti vontade de chorar. Uma emoção inesperada me tomou de assalto, ali, à frente do meu café com leite bem escuro e do meu queijo quente.

Então um dia eu não estaria mais ali para cuidar dela, para amá-la, para protegê-la, para incentivá-la, para me preocupar com ela. Senti uma espécie de pena dela, pelo desamparo que um dia imagino que eu vá lhe causar com a minha ausência. Perder um pai é coisa grande. E essa é uma experiência que eu lhe imporei um dia.

Senti fundo aquele fisgão – a angústia antecipada por um dia não poder mais estar com ela, do seu lado, olhando no fundo dos seus olhos, respirando o perfume dos seus cabelos, e sentindo muito orgulho da sua beleza, da sua inteligência, dos seus tantos talentos e do seu vasto charme.

Senti pena ao enxergá-la, naquele átimo, lá no futuro, sozinha no mundo, sem poder contar comigo. Mas, sobretudo, acho, senti pena de mim.

THERE IS NO PLACE LIKE HOME

Um sítio idílico no interior do Rio Grande do Sul. Longe o suficiente do mundo, da cidade grande, da hiperconectividade que amarra a todos nós com uma centena de cabos e fios de naturezas e espessuras diferentes – todos igualmente aprisionantes.

Lá o mundo não é pequeno – o mundo é imenso e assustador. Lá, as distâncias voltam a ser medidas em passos, em léguas ou quilômetros que é preciso percorrer fisicamente. De lá, Londres e Tóquio não são logo ali. Lá o celular não pega, nem tem sinal de internet – então você nem leva o seu, trata de esquecê-lo em casa, junto com o notebook e com o Facebook.

Trata-se de um refúgio onde nos permitimos interagir apenas com aquilo que a velha antena da TV de tubo, ou o radinho de pilha colocado sobre a geladeira, consiga capturar – e somente à noite, porque os dias exigem nossa presença ativa ao ar livre. Há um telefone fixo escondido num canto. Que usamos somente em casos de emergência – geralmente para desmarcar um compromisso ou convidar alguém querido para se juntar à família.

Ali o tempo pede mais tempo ao tempo. O relógio é coordenado pelos ciclos naturais e biológicos. Então os ponteiros fazem seu serviço sem pressa, os dias se sucedem lentamente, em paz, sem urgências nem atrasos. Tudo acontece quando tem que acontecer. Então a gente se demora mais nos sorrisos, nos sonos e nas sonecas, nas refeições na longa mesa da cozinha, nos vinhos e nos demais néctares que vão se oferecendo ao nosso paladar e à nossa lassidão bem planejada e, quero crer, merecida.

Um sítio onírico nas espaldas do pampa. Para deitar na grama e sentir o micuim comichando na pele. Para sentir as rosetas na sola dos pés. Para tratar os cachorros como parentes – dividindo a comida com eles, deixando-lhes nos lamberem a boca e nos sujarem com suas patas imundas de mundo e sertão, enquanto nos fazem a festa. Um lugar para pegar butiá e jabuticaba no pé no verão, e para chupar laranja sob o sol de inverno.

Um lugar para amar o cheiro verde-escuro do esterco fresco, e o cheiro puro dos cavalos suados, e o cheiro intangível do galpão avoengo que se abre para a lida, para os grãos, para os bichos, para as ferramentas, para as quinquilharias, para as memórias perdidas e para os fantasmas redescobertos que habitam por ali. Um lugar para amar as águas e os tons de azul, as verduras e os ventos, para agradecer à terra que nos acolhe e para orar ao céu que nos protege.

Encontro ali o meu refúgio. A minha pasárgada, onde sou filho do rei. Onde tenho a sensação morna de que há um porto seguro para o qual é possível correr em caso de naufrágio. (Só que ao transformar o sonho em realidade, e o eventual em rotina, e a sobremesa em refeição, a própria ideia do porto seguro desaparece. Para o refúgio continuar existindo como alento, é preciso não lançar mão dele jamais, é preciso continuar debaixo da tempestade.)

Ali eu me digladio com tudo que jamais resolverei na minha condição de filho – enquanto esgrimo com a outra mão com tudo que nunca elucidarei em meu papel de pai. Ali sou, concomitantemente, progenitor e cria, com todas as contradições, paradoxos, arestas e expectativas conflitantes que há nessas duas facetas fundamentais daquilo que sou, daquilo que me tornei.

É hora de perdoar, de pedir perdão, de olhar mais fundo nos olhos do outro e dizer aquilo que precisa ser dito, ainda que as palavras não saiam pela boca. É hora de reconectar, realizar o afago, demonstrar o sentimento, reaprender os sotaques, reler as entrelinhas. E sentir-se junto. Estar junto. Porque o tempo é curto. Muito curto.

Desejo a você um pouco disso tudo. Ou o quanto disso lhe interessar e fizer feliz. Um reencontro com quem lhe é caro de verdade – a começar por você mesmo. Lhe desejo para já. Ou então para quando você quiser. Kansas. Rosebud.

A MINHA PRIMEIRA MORTE

Ela, comigo pela mão, colhendo verduras sujas de terra em uma horta banhada de sol.

Ela, na cozinha, seu reino, preparando comida boa.

Ela, ao telefone, preocupada comigo, tecendo recomendações que vinham de um mundo que não existia mais.

Ela, em tardes solitárias, escondida do mundo, em sua casa, conversando consigo mesma, nutrindo suas assombrações.

Ela, cuidando dos netos, rindo com eles até lhe escaparem lágrimas dos olhos.

Ela, massageando a perna, sentada em um banquinho no pátio, acariciando suas dores, reclamando delas com orgulho.

Em mim, toda a dor do mundo é saber que ela se foi para sempre, para nunca mais.

À minha frente, insolúvel desde o dia em que irrompeu em minha vida, o fim absoluto, inexorável, irreversível de uma das pessoas que mais amei na vida. Sobre mim, o vazio sem volta que a engolfou sem que eu pudesse fazer coisa alguma. Jamais contemplei de modo tão violento a miserável impotência de nossa condição humana quanto no dia de sua morte.

Ela era minha avó. Mas era quem primeiro na vida me tratou como filho. Era, de certo modo, minha mãe prototípica, com quem eu tinha meu Édipo. Ela foi a primeira grande perda que tive na vida.

Cheguei ao hospital naquele domingo de manhã com um jornal debaixo do braço. Era para ser um dia de conversas macias, entrecortadas por visitas de enfermeiras com remédios e medições. Mais um dia em sua lenta trajetória de recuperação. Não foi.

O quarto estava vazio quando chegamos: ela havia sido levada para a UTI. Tomamos o elevador apreensivos. Lá em cima, uma enfermeira veio à porta dizer que a situação não era boa. Decodificamos o sinal.

Saí pelo corredor, quieto, me desvencilhando dos outros. Uma verdade terrível abria espaço em mim, me esgarçava por dentro, revogando tudo, mexendo na organização de minhas estantes interiores, revirando minhas gavetas mais íntimas.

Eu absorvia aquela verdade brutal. Ela decretava um ponto de não retorno. Eis a realidade. O resto era ilusão e tolice. Sentei num lance de escada e chorei. Um buraco negro na cabeça, um sofrimento implacável cravado no peito. Chorei muito.

Sentia um amor pungente por minha avó. Pena dela. Desalento. E, já ali, uma saudade brutal. Tentei ver aquela cena de fora. As paredes claras, o metal frio do corrimão, os recortes que a arquitetura impunha ao concreto, o silêncio imóvel de um lance de escada num mundo de elevadores. No meio de tudo, um sujeito arrasado. E terrivelmente sozinho. Eu experimentava o gosto do irreparável. E ele era muito amargo.

Voltei, e meu avô estava alquebrado, à frente de uma janela. Mirava uma cidade que não era a dele, com olhos inchados e vermelhos. Ao seu lado, o vazio. Me postei ali, como se pudesse preencher aquele vácuo, e o abracei. O velho estava destruído.

A morte de sua companheira era a casa vazia, a cama solitária, o silêncio que se instala, a queda fragorosa de um modo de vida. A morte de minha avó significava para ele, sobretudo, dívidas e culpas que ele jamais conseguiria resgatar. Iniciava-se para ele o suplício de um remorso insolúvel.

Pedimos para vê-la e o médico disse que sobre seu corpo havia sido travada uma batalha pela vida. Uma batalha que ele, ela e nós havíamos perdido. Disse que não nos valeria a pena vê-la naquele instante. Então eles a prepararam e a enviaram para nós. Por um elevador de cadáveres, obscuro, que desce diretamente ao subsolo.

Foi lá, sobre uma mesa metálica, nua sob os lençóis crus e impessoais de um hospital, no meio de outros corpos, que reencontrei minha avó. Claro, não era ela. A ausência de expressão tornava aquele o rosto de uma outra pessoa – talvez de um boneco. Aquilo não era a minha avó. E minha avó não pertencia àquele lugar.

Ela não era aquela ausência de cor, aquela falta de temperatura, aqueles cabelos penteados às pressas por um estranho, de um jeito como ela jamais faria.

Ela não era aqueles lóbulos arroxeando, nem aqueles dedos cruzados, empalidecendo, nem aqueles algodões enfiados nas narinas.

Levamos minha avó dentro de um caixão de volta à sua cidade, para ser pranteada por sua gente e sepultada em sua terra, como seria seu desejo. A viagem foi longa e silenciosa.

Chegar com ela, morta, à cidade que eu costumava visitar desde criança apenas para vê-la, e para passar alguns dias sob a égide do seu amor, foi horrível.

O sol se punha quando chegamos. Aquela luz cândida se pôs por trás daquelas coxilhas pela última vez para mim.

Um presente que eu nunca esqueci

Hoje me lembrei do meu avô.

Um italianão com jeito de bugre que nunca viu o mar e que nunca trabalhou para ninguém. Era eletricista com diploma do Instituto Universal Brasileiro – que ele emoldurou com gosto e pendurou na parede da sala até o fim da vida. Era o eletricista mais tradicional da pequena cidade de onde nunca arrastou pé.

Lembrei do velho ao chegar em casa agora à noite. Olhei para meus filhos. Eles crescem bonitos. Sorriem, parecem felizes. Percebo minha mulher, próxima de mim, vivendo comigo um momento de finíssima sintonia, de um jeito raro, do jeito que eu... preciso.

Me percebo curtindo tudo isso com inusitada paz de espírito. Sem pressa, sem culpa, sem angústias, sem melancolia. Um momento na vida, macio, um arranjo de boas sensações. Nenhuma emoção negativa zumbizando à volta. Como é bom.

Acho que meu avô sempre teve orgulho de mim. Nunca me disse isso com palavras, porque não era o seu estilo. Ou talvez tenha dito isso, de modo direto, umas poucas vezes. E eu, sem saber direito como reagir diante do elogio explícito, talvez tenha fingido não ouvir e deixado passar.

Acho que o velho me via voando numa altitude que jamais poderia supor para um neto seu, a partir das suas próprias referências. Ele era um homem com quatro anos de estudo formal, que havia sido peão, agricultor, dono de armazém de campanha num rincão remoto, dono de pensão. Ele sempre se virou – bem.

E ele sempre foi um torcedor incondicional das coisas que teve tempo de me ver fazendo pela vida. Acho que era grato a mim, por eu não ter criado problemas para a sua filha. E por eu ter permitido que ele não se preocupasse muito comigo.

Meu avô tinha 40 anos em 1965. Então ele viveu a segunda metade da sua vida vendo seu mundo, que era regido por regras sólidas, com séculos de hegemonia, se desintegrando à sua frente. Ele e seus contemporâneos tomaram uma ruptura em cima da outra, operadas pelas gerações subsequentes, em várias áreas fundamentais da vida. Do sexo à tecnologia, dos modelos familiares aos códigos de vestuário. Não deve ter sido fácil descer essa ladeira sem fim, vendo o que era certo virar incorreção e o que era absurdo se transformar em coisa corriqueira. Acho que meu avô navegou por essas águas turvas com boa dose de dignidade. E até que soube se renovar, na medida do que era possível para ele.

Um dia o velho me deu um presente de aniversário que nunca esqueci. Era o comecinho da década de 90, eu estava no meio da Faculdade de Comunicação e começava um pequeno negócio com um casal de colegas. Atuávamos como um estúdio de criação, fazendo um pouco de tudo, e trabalhávamos muito com vídeo.

Então, olhando aquilo a distância, mesmo sem compreender direito o nosso negócio, mas ainda assim com fé no futuro do projeto e com grande simpatia por nós, ele me presenteou com um videocassete. Eu não tinha um videocassete. E um aparelho como aquele, nos anos pré-Plano Real, acredite, custava bastante dinheiro.

O velho me levou até a loja, na rua principal da sua cidadezinha, e me fez sair de lá com o melhor aparelho disponível. Logo ele que, para si mesmo, sempre optava pelo item mais barato, deixava ali boa parte dos seus rendimentos. Sem regatear, raspava parte importante, imagino eu, das suas reservas para realizar aquela aposta na carreira do neto.

Acho que nunca lhe agradeci suficientemente pela confiança, pelo investimento, pelo enorme gesto de carinho. O faço agora, tardiamente, nessas páginas. Obrigado, Vô.

A favor da vida – e da morte

Meu avô era um homem forte, troncudo, de físico talhado pela lida braçal. Ele sofreu o primeiro acidente vascular cerebral logo depois de completar 80 anos. Os exames mostravam uma mancha escura no cérebro – a área danificada pelo coágulo. O minúsculo nó de sangue talvez estivesse errando dentro dele há anos. Assim como um outro pode estar viajando nesse exato instante aqui dentro de mim. Ou aí dentro de você.

Meu avô perdeu ali os movimentos de uma perna. Passou a se arrastar num andador. No ano que se seguiu, mais quatro derrames. Um dia, ao visitá-lo, me coube fazer a sua barba, que ele não tinha mais condições de raspar. Era uma honra ter aquele momento de intimidade com ele. O velho me olhou nos olhos e chorou. Grato, humilhado, impotente, com raiva, com pena de si. Nunca vou saber.

Os derrames foram lhe tirando tudo. A fala. Ele se irritava em balbuciar e não ser compreendido. O controle dos esfíncteres. Passou a ter que usar fraldas. Até que o último acidente lhe tirou a vida. Meu avô não morreu. Mas perdeu a vida. Não conseguia mais se mexer. Nenhum músculo lhe obedecia. Um homem trancafiado dentro de um corpo falido, sem reação. Suas expressões faciais viraram esgares. Os sons que conseguia emitir eram arrancos guturais. Sua posição na cama era trocada à sua revelia, para evitar escaras. Uma sonda alimentar foi introduzida pelo nariz diretamente em seu estômago. Com o tempo ela passou a esfolar sua garganta, seu esôfago, sua narina. Os movimentos de deglutição se tornaram impossíveis – ele se afogava com a própria saliva. Os movimentos peristálticos também desapareceram – tinha cólicas agudas e defecava com muita dor. Uma sonda urinária foi implantada. Até que percebemos que ela deixava seu pênis em carne viva. Seus pulmões começaram a acumular líquido. Como resultado, supliciantes sessões de asfixia e expectoração. Seus músculos atrofiaram. O homem possante que eu conhecera virou uma criatura descarnada. Ossos pontudos sob a pele fina.

Com o tempo, meu avô parou de dormir. Eu tinha certeza de que a vigília era o pior castigo para ele: ficar acordado, absolutamente sozinho dentro de si, em meio àquele inferno. Torcia para que ele não estivesse lúcido, para que alucinasse e voasse dali para bem longe.

Eu queria sedá-lo, para afastar sua mente daquela tortura. Ele às vezes urrava. Às vezes passava horas gemendo. Ninguém sabia ao certo por quê. É provável que fossem cãibras lancinantes. Ele tinha perdido a capacidade de se comunicar.

Eu torcia para que ele morresse. Não porque nutrisse algum desamor por ele. Mas exatamente porque o amava demais para admitir que aquele tipo de sofrimento perdurasse. A morte seria uma bênção. Não permitir o prosseguimento daquela angústia desumana teria sido um grande ato de amor.

Uma das últimas mensagens do velho que julgo ter compreendido veio na forma de um ronco fundo. Eu segurava sua mão e ele como que apertou meu dedo. Creio ter ouvido, enquanto era perfurado pelo seu olhar: "Eu não aguento mais."

Ele agonizou por mais um ano. Numa existência tão precária, tão indigna, tão dolorosa, que não creio que possa ser qualificada de vida. Se ele realmente me fez um pedido, espero que tenha me perdoado por eu não ter tido a coragem de atendê-lo.

Tchau, Vô

"Minha vida em três ou quatro linhas", começava o relato, escrito num papel pouco mais sofisticado que um embrulho de pão. A caligrafia a um só tempo parnasiana e sôfrega entregava um autor nascido noutros tempos e razoavelmente desacostumado ao ofício da escrita.

"Naquela época não tinha escola na campanha e a professora vinha na casa da gente uma vez por semana ensinar a piazada a ler e fazer conta." Na passagem mais contundente do seu relato, com a graça e a secura típicas dos homens míticos, dos caubóis viris e justos, dos heróis másculos de antigamente, o autor conta: "aprendi a escrever em cima do lombo do cavalo, enquanto fazia a lida no campo com meu pai. Levantava a casca das feridas e com um graveto ia escrevendo com sangue meu nome na sela."

O gaúcho é, antes que tudo, um forte. Para falar em gaúcho, é preciso imaginar uma média improvável entre o italiano das serras, o alemão dos vales, o índio mesclado com espanhol que povoa as vastas regiões da fronteira, o português matizado de negro que se espalha entre as coxilhas e açudes do pampa aberto.

O nosso autor, o gaúcho a que me refiro, aquele que habita o meu imaginário e as minhas reminiscências, é o pelo-duro da metade sul do estado, o peão rústico de estância. O gaúcho do chimarrão bem cevado, do churrasco de costela gorda, do arroz de carreteiro, da canha pura na guampa, do vinho e do queijo de colônia, do mel de angico, do pão de forno, da broa de milho, da ambrosia, do sagu e da figada. O gaúcho da mesa farta, da casa cheia, do fogão à lenha sempre aceso.

O gaúcho de bigode robusto e pés descalços pisando a geada, que não sente frio nem dor e que previne as gripes tomando banho de sanga nas gélidas manhãs de inverno.

O gaúcho que idolatra o pai e santifica a mãe. O gaúcho patriarca, cultor de hierarquias, que respeita a senioridade e cuida bem dos seus velhos. O gaúcho que detesta qualquer tipo de judiaria com animais, crianças e mulheres – seres que estima e que considera mais fracos e, portanto, dependentes da sua força e da sua proteção. O gaúcho amante das tradições, do passado, orgulhoso da sua cultura regional. O gaúcho das imortais nostalgias farrapas.

O gaúcho valente, peleador, que construiu e foi construído a golpes de sabre e tiros de tudo quanto é calibre, em dezenas de revoluções, refregas e manotaços que definiram os limites sulinos do Brasil ao longo de décadas e décadas de bravura banhada a sangue.

O gaúcho das adagas e garruchas, das cargas de cavalaria, das pontas de lança, das esporas de prata, das botas de garrão de potro, do jogo do osso e das carreiras em cancha reta nos bolichos de beira de estrada.

O gaúcho caudilho, disciplinador, de parâmetros rigorosos. E de gestos grandiloquentes, sempre com conotação bélica, que trata de impor a sua *pax*, o seu *modus*, com a virilidade dos povos dominantes.

O gaúcho que celebra a hombridade xucra e de poucas palavras que recende nos pagos sulistas. O gaúcho destemido, conquistador de território, desbravador de terras. O gaúcho de sorriso franco, com incisivo banhado a ouro, que risca o chão com faconaços preventivos e resolve à bala ou na ponta da faca os casos de quem cruza a linha e lhe pisa o pala.

Nosso autor relata: "o cigano veio para lograr o velho Hermenegildo, que já estava meio caduco. Eu e outros vizinhos o cercamos. E eu disse para ele: 'se tu vier aqui de novo, tu te despede antes da tua mulher e dos teus filhos porque tu não vai voltar para casa'". Matias Hermenegildo era o nome do pai dele. Meu bisavô. Um bodegueiro.

O gaúcho estabelece laços de sangue com seus vizinhos. Transforma sua comunidade em família e protege seu círculo com a vida, se necessário. Ao mesmo tempo, o gaúcho tem talento para o entrevero doméstico e para o rancor.

Nosso autor revela que rompeu com um irmão por causa de uma discussão sobre política. E nunca mais trocou uma palavra com ele – por mais de 50 anos, pelo resto da vida, até que a morte do irmão os separou de vez. (Ou os reuniu finalmente, talvez.)

O gaúcho é intenso, é sanguíneo, é emocional. Leva as coisas e a si mesmo muito a sério. Cultua a honra, o sobrenome e a reputação. Gaúcho é reto. Gaúcho não tem meias palavras.

O gaúcho temperado pela estética do frio, pelo clima de longos invernos de céu escuro e baixo, de dias curtos e noites glaciais. O gaúcho isolado na paisagem, pela geografia atávica que ainda vive dentro dele, quando os amigos e parentes mais próximos ficavam a quilômetros do seu rancho. O gaúcho marcado na alma por essa herança, por essa contingência, por essa estética que lhe torna alguém essencialmente triste, introspectivo, melancólico.

O gaúcho prático que despreza mesuras e afetações, que vive pela ética do trabalho, que obtém tudo da terra e crê que tudo aquilo que não é essencial é supérfluo e, portanto, bobagem. O gaúcho que cultiva a simplicidade como um valor e que gosta de quem vai direto ao ponto e que diz a verdade sem medo – e sem muito jeito também. Nosso autor, numa expressão clássica sua, dizia, das coisas que ele não via como indispensáveis: "isso não tem precisão, é só para bonito."

O gaúcho construtor, empreendedor, carpinteiro, agricultor, pau pra toda obra. O gaúcho prestativo, sentinela, trabalhador incansável, que roça o campo de dia e lia os clássicos à noite, à luz de um candeeiro.

O gaúcho autossuficiente, que não precisa nem nunca precisou de nada nem de ninguém para sobreviver.

O gaúcho da pecuária e da lavoura, que conhece as plantas e as simpatias, os bichos e as estações, os movimentos e ciclos da natureza ao seu redor – e que não conhece o mar por absoluta falta de interesse naquilo que não for a sua terra, o seu rincão, a sua querência.

O gaúcho charrua, caingangue, minuano. O gaúcho imortalizado em Ana Terra, Blau Nunes, Antônio Chimango, Gaudêncio Sete-Luas. O gaúcho das lendas do Negrinho do

Pastoreio e da Salamanca do Jarau. O gaúcho personificado em Barbosa Lessa, Paixão Cortes, Bagre Fagundes. O gaúcho guasca, gaudério, taura, xiru, bagual. Oigaletê.

O gaúcho dualista, das grandes dicotomias, que divide o mundo ao meio e elimina com isso as dúvidas, as zonas cinzentas e outras situações mal resolvidas. O gaúcho para o qual quem não é colorado é gremista, quem não é maragato é pica-pau, quem não é de direita é de esquerda, quem não é homem é mulher e o que não é certo está errado.

Para o gaúcho, não há terceira via. O que lhe dá, por um lado, uma certa retidão de caráter, uma certa firmeza de princípios, uma certeza convicta de que o mundo pode ser absorvido, esquadrinhado, compreendido e rotulado. E o que lhe dá, por outro lado, uma certa obtusidade filosófica – não há caminho do meio, não há contemporização possível entre opostos, não há diferentes matizes entre duas posições bem fincadas. Para o gaúcho, o mundo é básico. A realidade é crua. Complexidade é afetação. E sofisticação é frescura.

O gaúcho que é rude e desconfiado, educado e bonachão. O gaúcho hospitaleiro e xenófobo, altaneiro e racista. O gaúcho bairrista e cosmopolita, brasileiro e separatista, autocentrado e solidário, culto e tosco. O gaúcho que é quieto, mínimo, de poucas palavras, e ao mesmo tempo saliente, fanfarrão, de risadas altas e causos saborosos contados no galpão ao redor do borralho.

Tudo isso é mito e tudo isso é realidade. Talvez seja um pouco de todas essas características o que buscamos em Getúlio, em Brizola, em João Saldanha, em Tarso de Castro, em Felipão, em Dunga, em tantos outros. Na hora do aperto, qualquer que seja ele, sonhamos importar do Rio Grande um Capitão Rodrigo. Alguém que ponha ordem na casa, que retifique o que nos parece torto, que organize a tropa, indique o norte e seja o primeiro a correr com determinação, e de sabre em punho, em direção a ele.

Epílogo. Nosso autor em seu leito de morte. Forte como um touro, forte como nunca, chuleando a morte, morrendo aos poucos – talvez fosse melhor que tivesse constituição mais fraca e partisse mais rapidamente, sem sofrer todas as etapas da sua excruciante via-crúcis.

O gaúcho de mãos grossas, dedos largos, como que traçados por Jack Kirby. O gaúcho com antebraços de Popeye, toras potentes forjadas na faina. O gaúcho da pele queimada pelo sol e pelo frio. O gaúcho de cabelos incivilizados. O gaúcho ali, sobre aquela cama, descarnado sob a pele fina, pálido, sem poder falar, sem poder quase nada, segurando meu polegar com a mão esquerda, a única parte do seu corpo que sobreviveu ao quinto derrame.

Meu dedo roxo, cingido pelo vigor dos seus – me agarrava como se se agarrasse à própria vida. E não me deixava esquecer que o gaúcho é, antes de tudo, um forte. Seus olhos nos meus, cheios de lágrimas. Um olhar duro, perfurante, eterno. Medo, coragem, gratidão, despedidas, desculpas, votos, compaixão, solidariedade.

Um milhão de palavras trocadas sem emitirmos som. Adeus, Vô. Eu amo muito você e jamais esquecerei de tudo o que você me ensinou.